MAMMA CARNEFICE

UN'AGGHIACCIANTE STORIA VERA DI CONFINAMENTO, MUTILAZIONE E OMICIDIO

RYAN GREEN

Disclaimer

Questo libro parla di persone reali che commettono crimini reali. La storia è basata sui fatti, ma alcune scene, dialoghi e personaggi sono stati romanzati.

ISBN: 9798301987618

ÍNDICE

Introduzione

Jenny era sdraiata sul mucchio di vestiti sporchi che chiamava letto, gli occhi fissi sul fumo blu che si arrampicava lentamente verso il soffitto. Nella stanza da letto l'aria non era troppo soffocante, ma bastava strisciare fuori nel corridoio perché diventasse densa come nebbia. Il fumo in casa non la teneva più sveglia; oramai si era abituata, rassegnata al fatto che avrebbe macchiato tutto ciò che era bianco o giallo e che avrebbe fatto puzzare i suoi vestiti, i suoi capelli e persino la sua pelle di posacenere.

In fondo al corridoio sentiva il chiacchiericcio delle voci e il gorgheggio di uno dei dischi di Stephanie. Non c'era mai un momento in cui i ragazzi del quartiere non si fermassero lì a fumare e a scambiarsi confidenze. Non c'erano abbastanza soldi per il cibo, ma le sigarette non mancavano mai: per i visitatori, i bambini della casa e la "Madre". Jenny si sforzò di sentire la voce dell'anziana donna sotto tutto quel baccano. Era stridula e nasale. Avrebbe sovrastato con facilità quelle dei bambini. Eppure, ora, Jenny non riusciva a sentirla.

Non c'erano porte in quella casa. La privacy era un invito al peccato. L'anziana donna si appostava ovunque, scrutando in ogni angolo buio per assicurarsi che nessuna delle ragazze si allontanasse dalla purezza. Se avesse parlato, Jenny era sicura che l'avrebbe sentita. Ma se la vecchia non stava sputando veleno altrove, allora forse era sopra di lei, in agguato.

Ripensandoci ora, le botte non erano state poi così male. La violenza e la crudeltà erano state le peggiori che Jenny avesse mai sperimentato in vita sua - i segni che le erano stati lasciati sul retro delle gambe bruciavano e pungevano ogni volta che si muoveva - ma rispetto alla malvagità che ora sapeva celarsi sotto la superficie di ogni persona, quelle bastonate sembravano poca cosa. Chiuse gli occhi e cercò di dare l'impressione di star dormendo. Forse la vecchia l'avrebbe lasciata in pace se fosse entrata mentre Jenny dormiva.

Il sibilo nasale le fece rizzare i peli sulla nuca. Alla fine, lo captò: un rantolo acuto, quasi un suono che solo i cani avrebbero dovuto percepire. Era il russare della vecchia. Doveva essersi addormentata sulla sedia. Jenny aprì gli occhi e sussultò di sollievo. Il pericolo non era del tutto passato: uno qualsiasi dei mostri nell'altra stanza avrebbe potuto ancora torturarla in un batter d'occhio, ma c'erano dei limiti a quanto sarebbero stati disposti a fare senza permesso. La vecchia poteva sembrare solo uno scheletro infilato in un vestito di pelle, ma con uno sguardo o una parola poteva mettere in ginocchio qualsiasi bambino. Nulla accadeva senza il suo permesso, che fosse esplicito o implicito.

Per un po' Jenny rimase sdraiata, sentendo la paura iniziare a defluire dal suo corpo. Non aveva mai conosciuto la paura prima di arrivare in questa casa, quel terrore radicato nelle ossa che ti insegue ovunque. Conoscere le specifiche di ciò che poteva e probabilmente le sarebbe accaduto era peggio di qualsiasi cosa la sua immaginazione avrebbe potuto produrre. Prima di quella sera, non sarebbe mai stata in grado di immaginare l'odore acre di carne umana bruciata, e un anno fa non avrebbe mai potuto immaginare di essere così affamata da trovarlo appetitoso. La paura aveva scavato così profondamente nel suo cuore che l'aveva cambiata in modi così insidiosi che non se ne era nemmeno accorta.

Era iniziato tutto in modo abbastanza innocente: una delle ragazze faceva un commento cattivo e Jenny rideva, anche se non era divertente, perché era più facile uniformarsi che distinguersi. Andare contro una di loro comportava dei pericoli, ma mentre i ragazzi potevano spingerla o prendere a calci le sue stampelle, le ragazze andavano a raccontarlo alla vecchia. Jenny mangiava a malapena. Non poteva permettersi di saltare altri pasti. La vera prova di quanto fosse caduta in basso fu quando arrivò l'assistente sociale. Ripeté ogni ignobile bugia che la vecchia le aveva sibilato all'orecchio senza battere ciglio. Il solo accenno ad una minaccia era sufficiente a lasciarla intorpidita e tremante per giorni. Bastavano le semplici parole: "Vuoi andare nello scantinato?".

Quando le lacrime cominciarono a scorrere, Jenny si affrettò a soffocare i singhiozzi contro la manica. Non sarebbe un bene se uno dei bambini la sentisse. Sarebbe stato ancora peggio se la vecchia fosse stata svegliata. Jenny avrebbe fatto di tutto per evitare il terribile peso dell'attenzione di quella donna. I bambini non erano affidabili per nulla al mondo. Jenny se li immaginava come iene che indossavano abiti umani per la maggior parte del tempo, che ragliavano e aspettavano solo l'occasione per dilaniarla nel momento in cui sembrava indifesa. Ma la vecchia li teneva al guinzaglio e, finché non avesse deciso di aizzarli, Jenny sarebbe stata al sicuro. Continuava a ripetersi che presto sarebbe stata libera. Come se questo incubo avesse una data di scadenza già stabilita. In un certo senso, era così. La cosa nello scantinato avrebbe deciso quanto a lungo Jenny avrebbe dovuto sopportare, prima che tutta la malvagità di quella famiglia si riversasse su di lei. Lottò per tenere sotto controllo il respiro, per trasformare i suoi rantoli e i suoi singhiozzi nel respiro tranquillo di una ragazza addormentata. L'anziana donna poteva non vederla, ma un sospiro al momento sbagliato avrebbe potuto vanificare tutto ogni sforzo di confondersi nel branco.

Pensare troppo al seminterrato le provocava nausea. Non poteva permettersi di perdere l'appetito così come non poteva permettersi di saltare un pasto per una punizione. Quando si passava le mani addosso sentiva le ossa che si stringevano sotto la pelle. Non aveva più il coraggio di toccarsi neanche con sopra i vestiti. Non dopo la lezione sul peccato e sull'auto-contaminazione che la vecchia aveva inflitto loro dopo l'ultima volta che aveva sorpreso uno dei ragazzi a darsi una sistemata ai pantaloni.

Quando aveva paura, Jenny non osava nemmeno pensare al seminterrato, troppo consapevole che avrebbe potuto finirci. Eppure, in quei brevi istanti in cui il terrore sembrava allentare la sua presa, si rifiutava comunque di affrontare l'idea. Era un pensiero troppo doloroso, e Jenny sentiva già di portare abbastanza dolore addosso ogni giorno. La poliomielite l'aveva segnata per sempre, e lei sapeva che avrebbe convissuto con dolori per tutta la vita, ma nessun dolore era mai stato così lancinante come quello che aveva provato in quella casa. Veniva picchiata molto raramente, anche rispetto ai figli della vecchia, ma senza nulla da mangiare, sentiva come se il suo stesso corpo si stesse consumando dall'interno.

Questa notte era diversa. Le scosse di terrore che di solito accompagnavano i suoi pensieri sul seminterrato erano state soffocate da un'attesa insopportabile. Dopo il raccapricciante spettacolo di poche ore prima, l'aria sembrava tesa, pronta a esplodere. Jenny cercava di convincersi che sarebbe andato tutto bene, che il tempo non fosse davvero scaduto. Che la cosa nel seminterrato sarebbe stata ancora lì per anni. Le lacrime ricominciarono a pizzicare gli angoli degli occhi. Tutto sarebbe andato bene. Niente sarebbe andato storto. Tutto sarebbe andato bene. Jenny era sempre stata una pessima bugiarda.

Si mise a sedere e si sforzò di sentire qualsiasi accenno di movimento dall'altra stanza. Le risate erano diventate rauche, la vecchia russava costantemente, non ci sarebbe mai stato un momento più sicuro per muoversi. Non ci sarebbe mai stata un'altra occasione per correre questo rischio. Le sue stampelle erano appoggiate in un angolo, e facevano un tale rumore quando le usava che non c'era possibilità di muoversi di nascosto, così Jenny si trascinò lentamente sul pavimento coperto di polvere per scrutare il corridoio. Attraverso la nebbia blu, riuscì a vedere le sagome del soggiorno. Ombre a forma di persone che avrebbe potuto scambiare per esseri umani se non avesse ricordato ciò che aveva visto quel giorno. Nessuna traccia dell'anziana donna, ma il suono del suo russare era inconfondibile. Jenny poteva farcela. Tutto sarebbe andato bene.

Si trascinò lungo il corridoio, lasciando che le sue deboli gambe sopportassero solo una parte del peso, nel caso in cui fosse stato necessario farle riposare per una folle corsa verso il letto se ci fosse stato qualche segno di difficoltà. Ci volle più tempo di quanto previsto per percorrere il breve corridoio, sterzando per evitare cumuli di spazzatura o cumuli di bottiglie di cola vuote. Arrivò in cucina senza essere notata, ma quando si trovò davanti la porta del seminterrato si bloccò.

Era passato molto tempo dall'ultima volta che era scesa di sua spontanea volontà per quelle scale, e all'epoca il seminterrato non rappresentava ancora una minaccia. Sentiva già l'odore di quella cosa giù nel seminterrato. Anche da quassù, con la porta chiusa, si sentiva la sua puzza. La dolcezza stucchevole dell'ammoniaca che si contrapponeva alla puzza di escrementi dell'aia. Jenny iniziò a respirare con la bocca. Poteva farcela. Tutto sarebbe andato bene. La porta scricchiolò quando la aprì e fu tutto ciò che riuscì a fare per trattenersi dal tornare a letto. Per un altro terribile momento si tenne ferma, inginocchiata sul pavimento della cucina e sentendo il peso di tutto ciò che la opprimeva. Aspettò, ascoltando attentamente per cogliere il minimo segno che qualcuno l'avesse sentita. Poi, un'altra ondata di risate dal soggiorno la rassicurò. Nessuno si era accorto. Con un tocco delle dita, la porta si aprì completamente e Jenny guardò giù nell'abisso.

Oltre la portata della luce della lampadina spoglia appesa in cucina c'era un'oscurità così densa che Jenny riusciva a malapena a comprenderla. Come se le scale conducessero ad un muro nero e solido, senza nulla al di là di quel punto. Tutte le paure che aveva placato tornarono a galla. Come si poteva vivere in quell'oscurità totale? Come si potevano aprire gli occhi sul nulla quando ci si svegliava e chiuderli quando si cercava di addormentarsi? Fissò l'oscurità e cercò di far progredire il suo corpo. Era vulnerabile, inginocchiata qui all'aperto. Se fosse scesa per le scale, sarebbe stata più al sicuro. Quella bugia era così grande che non riuscì nemmeno a dirla a se stessa prima di rifiutarla. Proprio mentre stava per girare le spalle e fuggire a letto, sentì un rumore provenire dal basso.

Nel seminterrato, la cosa l'aveva sentita arrivare. Jenny riusciva a sentirla anche adesso, mentre grattava la sporcizia del pavimento. Sapeva che lei era qui. In qualche modo lo sapeva. Sentì qualcosa come un singhiozzo che risuonava dall'oscurità e questo bastò a rafforzare la sua determinazione. Scese le scale a passo di granchio, abbassandosi con cautela per rimanere in silenzio e non indietreggiando nemmeno quando si chiuse la porta alle spalle, bloccando l'ultima luce. In quella profonda oscurità, si fece strada, passo dopo passo, con i muscoli doloranti per lo sforzo e il cuore che le martellava nel petto. Questa poteva essere la sua vita. Se fosse stata scoperta a scendere qui, questa sarebbe stata la sua vita.

Quando il suo piede toccò terra invece di un altro gradino, Jenny si irrigidì, quasi pronta a tornare di corsa indietro. Ma si obbligò a rimanere ferma. Quaggiù, nella calda oscurità, l'odore era quasi opprimente. Ogni respiro era una lotta per non avere conati di vomito. Era come entrare in una fossa settica. Barcollò per un paio di passi prima che il suo piede sfiorasse qualcosa di inconfondibile. Carne umana nuda. Con mani tremanti, Jenny si chinò e toccò il braccio della sorella. Seguì con le dita le linee ossute, fino a una mano rattrappita in un artiglio. Non era sicura di quando avesse iniziato a piangere, ma ora non smetteva più. Un sussurro gracchiò dall'oscurità. "Jenny?"

"Sono qui. Sono qui, adesso. Andrà tutto bene".

Il respiro di Sylvia uscì come un rantolo, ma non c'era paura nella sua voce quando rispose.

"Morirò".

Gertrude Van Fossan

A fine settembre 1929, l'America stava per precipitare nel baratro. In meno di un mese la Borsa di Wall Street sarebbe crollata, facendo precipitare il paese nella Grande Depressione. La classe operaia americana avrebbe lottato duramente e migliaia di persone avrebbero perso la vita, mentre la nazione, che aveva conosciuto una prosperità a tratti discontinua, avrebbe affrontato il peggior collasso economico della sua storia. Le case sarebbero state pignorate, le aziende sarebbero fallite e il boom successivo alla Prima Guerra Mondiale, che molti speravano potesse durare in eterno, avrebbe invece trascinato l'intera nazione sull'orlo del collasso.

In questo momento di grande sconvolgimento e di imminente sventura, nacque una bambina. Gertrude Van Fossan era la terza di sei figli della famiglia Van Fossan. I Van Fossan avevano un'ascendenza mista, che combinava una lunga linea di immigrati polacchi da parte materna, con una famiglia olandese più consolidata dall'altra. Si sa molto poco dei primi anni della sua vita, se non che era decisamente una cocca di papà, che passava ogni momento possibile con il padre, che la adorava. In tempi difficili, le attenzioni erano l'unica moneta che la famiglia Van Fossan poteva davvero permettersi di spendere, per cui non sorprende che gli altri membri della famiglia abbiano presto iniziato a risentirsi per quanto fosse stretto quel legame. I figli maggiori tolleravano meglio la situazione, perché - si sa - il più piccolo sarebbe sempre stato al centro delle attenzioni dei genitori. Tuttavia, anche dopo la nascita di altri bambini, Gert continuava a ricevere la maggior parte dell'affetto.

La madre percepì la vicinanza di questo rapporto come una minaccia sin quando la figlia era solo una bimba, e fece di tutto per separarla dal padre, ma non servì a nulla. Questa "preoccupazione" si trasformò rapidamente in una freddezza che rasentava l'odio. Quando il padre era fuori casa, Gert viveva in un gelido silenzio, con la madre che le dava istruzioni, ma che per il resto la ignorava completamente. In contrasto con i rapporti che la madre aveva con gli altri figli, questo non faceva che accentuare il suo terribile trattamento. Gli altri cinque figli della casa si comportavano esattamente come ci si aspetterebbe. Vedevano Gert come diversa, un'estranea, e la isolavano.

Questo non fece che esacerbare il problema. Con una sola fonte di affetto nella sua vita, Gert si aggrappò sempre più disperatamente al padre. Sebbene non capisse la situazione in cui la stava abbandonando quando usciva di casa, riconobbe quella disperazione e reagì come avrebbe fatto qualsiasi padre gentile e affettuoso: dedicandole ancora più attenzioni degli altri figli. La madre di Gert ci mise poco a mettere gli altri bambini completamente contro di lei. Anche quando frequentò la scuola fu vittima di bullismo, sia da parte degli amici degli altri Van Fossan sia da parte di altri che si limitavano a perseguitare la ragazza isolata. Nei primi anni di vita la sua scolarizzazione fu discontinua, in parte a causa del totale disinteresse della madre a garantirne la frequenza, ma anche perché Gert sceglieva di evitare le situazioni in cui si sarebbe trovata in una posizione di svantaggio.

La famiglia non superò bene la Grande Depressione, così come la loro città natale, Indianapolis. Il padre di Gert si trovò a fare diversi lavori, e a bere quando poteva permetterselo. La madre incolpava Gert per tutti i fallimenti del padre e per la maggior parte dei problemi che affliggevano la famiglia, ma poiché Gert era la preferita del padre, non si poteva dire o fare nulla contro di lei senza subire rappresaglie. Anche se non aveva avuto un'infanzia sana e felice, suo padre aveva fatto in modo che Gert non fosse del tutto priva di gioia, e il solo nominarlo le strappava un sorriso. Finché c'era lui, lei poteva sperare in un futuro migliore.

Papà era tornato a casa da un paio d'ore e la cena era terminata. Era stata un'altra settimana "tirata", quindi la cena non era stata altro che una zuppa e papà non aveva avuto nulla da bere. Aveva cacciato la mamma e gli altri bambini dalla cucina e ora era seduto sulla sua sedia vicino al forno ad ascoltare Gert che si esercitava nella lettura. Non leggeva bene e lo sapeva. Non era stupida, anche se aveva dieci anni. Ma per il papà era disposta a sforzarsi, a lottare contro ogni groviglio di lettere e a farcela, perché quando ci riusciva poteva vedere quel sorriso che si insinuava sul suo volto. Le dava una sensazione di calore anche quando il vento ululava e le finestre fuoriuscivano un po' dagli infissi. Quando arrivò alla fine della pagina, lui batté davvero le mani e lei non poté fare altro che trattenersi dal saltellare su e giù sul posto. Quel sorriso. Avrebbe ricordato quel sorriso ogni giorno per il resto della sua vita. Il papà fece una battuta sulla pagina già dimenticata che lei aveva appena letto e lei rise come doveva. Capiva che si trattava di una battuta dalle piccole rughe dei suoi occhi; erano un indizio inequivocabile ogni volta che faceva lo spiritoso con lei. Quando lei rideva, lui rideva con lei, così in un attimo ridevano entrambi per niente, ed era la parte migliore della giornata di Gert. Nell'altra stanza sentiva la mamma che sgridava i piccoli, fuori sentiva il vento che soffiava, ma qui, in questa cucina, tutto era caldo e perfetto. Quando papà fece una faccia sciocca, le sue risate si fecero ancora più pronunciate. Le rughe erano scomparse accanto ai suoi occhi, ma quella faccia sciocca la faceva ridere ancora di più. Era come se avesse visto un fantasma. I suoi occhi erano sporgenti come se volessero uscire dalla testa. Lei continuò a ridere mentre lui cadeva in avanti dalla sedia. La sua faccia rimbalzò sull'angolo del tavolo mentre cadeva a terra. La sua risata si trasformò in un urlo strozzato: "Papà?".

Cadde sul pavimento accanto a lui. Il sangue gli colava pigramente dalla fronte e si depositava sotto di lui, ma i suoi occhi erano ancora spalancati. "Papà!" Si agitò e si dimenò sul pavimento come se stesse lottando con una forza invisibile. Qualunque cosa stesse cercando di scacciare lo stava sopraffacendo facilmente. Emise un gemito così profondo da sembrare a malapena umano. Gert gli teneva le mani sulla camicia e gridava. "Papà. Papà, smettila! Papà!"

La madre entrò di corsa nella stanza ed emise un gemito analogo quando vide il marito steso lì. Spinse Gert da parte e cominciò ad urlare il suo nome. Scuotendolo. Si alzò in piedi e gli diede uno schiaffo in faccia, continuando a urlare. Gli altri bambini sbirciavano dalla porta, con la curiosità e l'orrore che si contendevano il posto sui loro visi vuoti. Gert cercò di tornare dal padre, ma la madre la fermò con un dito. Sibilò: "Cosa gli hai fatto?".

Gert non riusciva a respirare tra i singhiozzi. "Stava... stava ridendo. Poi è caduto. È caduto!".

Gli occhi della madre si socchiusero. "Vattene".

Gert indietreggiò, con gli occhi che si muovevano tra papà e la donna che incombeva su di lui come un avvoltoio. Non riusciva a fare quello che le veniva detto. Era come se ci fosse una corda elastica che andava dal suo cuore a suo padre e ogni passo che si allontanava da lui la metteva in tensione. "Devo... devo chiamare il dottore?".

La voce della madre si incrinò. "Hai i soldi per il dottore? Io non li ho".

Uno degli altri bambini gridò dalla porta. "Cosa dobbiamo fare, mamma?".

In un attimo la madre entrò in azione, raccogliendo i bambini e allontanandoli dalla porta. Tutta la gentilezza che aveva negato a Gert le si riversò addosso, calmando gli altri bambini. Gert tornò al suo posto al fianco del padre. Nell'altra stanza, sua madre stava raccontando ai bambini una bugia sul fatto che papà sarebbe andato in paradiso. Lui non stava andando da nessuna parte. Era proprio qui, sul pavimento della cucina. Si rannicchiò su di lui, lasciando che il calore del suo corpo la avvolgesse e cercando di sentire il battito del suo cuore. Non sentì nulla.

Se Gert sperava che il rapporto con la madre sarebbe migliorato con la morte del padre, si sbagliava di grosso. Oltre ad essere irrazionalmente incolpata per la morte del padre, reagì male al trauma dell'evento stesso. Cominciò a soffrire di incubi notturni e, senza il padre a fare da contrappeso, la crudeltà della madre si intensificò nuovamente e iniziò a picchiare Gert perché disturbava il sonno degli altri bambini.

I tre anni successivi furono un vero inferno per Gert. In casa fu trattata peggio di un animale, completamente ignorata dalla madre e accuratamente ostracizzata dai fratelli per evitare che lei li contaminasse. Nella mitologia della casa, lei era la fonte di tutti i mali. Ogni volta che qualcosa non andava in un oggetto di casa, Gert era stata l'ultima a usarlo. Quando non c'era abbastanza cibo per tutti, era perché Gert aveva preso più della sua parte. Si era arrivati al punto di scherzare sul fatto che gli altri bambini avrebbero urlato il nome di Gert ogni volta che avessero anche solo sbattuto un dito del piede.

A scuola, la sua vita sociale rimase desolata per altri tre anni, finché non accadde qualcosa di straordinario. All'età di quattordici anni, Gert aveva ormai abbandonato ogni speranza di stringere amicizie femminili. Sua madre aveva avvelenato quella possibilità fin dall'inizio della sua vita, e le continue voci diffuse dalle ragazze della sua classe sul suo status di emarginata l'avevano resa amareggiata, tanto da detestare persino l'idea di passare del tempo con altre donne. I ragazzi erano la sua unica alternativa, ma non osava sfidare sua madre fino al punto di essere vista come un maschiaccio, e senza un terreno comune non riusciva a risultare interessante nemmeno per le sue coetanee preadolescenti. L'improvvisa comparsa della pubertà e la conseguente scarica di ormoni cambiarono tutto questo. Improvvisamente i ragazzi si interessarono di nuovo a Gert e lei si rallegrò di tutte le attenzioni. Sua madre sentì presto delle voci e sgridò la figlia per la scorrettezza del suo comportamento, ma fino a quel momento Gert non era nemmeno consapevole che stesse succedendo qualcosa di "sbagliato". Era consapevole del sesso in modo astratto. Quando suo padre era ancora in vita, sentiva spesso dei suoni insoliti provenire dalla camera da letto dei suoi genitori e la mattina dopo scopriva sempre con sgomento che il padre si schierava con la madre in qualsiasi discussione in corso. Non riusciva a collegare quei suoni con il flirt molto delicato che stava sperimentando con i ragazzi a scuola. Non capiva perché sua madre fosse così infuriata con lei, ma ormai non le importava più nulla. Tutte le punizioni che potevano essere inflitte a Gert erano già state inflitte. Non c'era nient'altro che sua madre potesse fare per renderle la vita infelice. Attirata dalla promessa delle attenzioni che desiderava così disperatamente, non c'era da stupirsi che Gert facesse le scelte che faceva.

All'inizio le altre ragazze erano forse più timide, ma ben presto Gert si trovò a competere con ognuna di loro per ottenere l'affetto e l'attenzione dei ragazzi della scuola. Gert poteva essere caritatevolmente descritta come di aspetto medio, e la sua personalità non aveva mai avuto davvero l'opportunità di svilupparsi senza alcuno sbocco sociale. Cominciò a spingersi oltre i propri limiti di comodità e decenza per attirare l'attenzione dei ragazzi. Si lasciava toccare da loro in posti che non dovevano toccare. Lei ricambiava. Le voci di corridoio scoppiarono, diffondendo in tutta la città sussurri malevoli sulle sue scappatelle, e si pensò che fosse solo questione di tempo prima che rimanesse incinta. Per la prima volta, Gert ebbe la sensazione che la rete di sussurri delle ragazze la stesse aiutando. Tutti i ragazzi della scuola erano improvvisamente interessati a lei e anche molti ragazzi di cui non aveva mai sentito parlare cominciarono a chiamarla.

Con grande orrore di sua madre, Gert iniziò a frequentare seriamente i ragazzi all'età di quindici anni, passando dai piccoli baci e dalle effusioni che aveva dato ai suoi compagni di scuola, alla ricerca di una vera relazione. In tutta la sua vita fino a quel momento, Gert aveva avuto una sola relazione di successo, quella con suo padre, quindi non c'era da stupirsi che fosse attratta da uomini più grandi. Fu corteggiata da una serie di uomini fra i due e gli otto anni più grandi di lei, quasi tutti perseguitati dalla sordida reputazione che si era fatta in città. All'età di sedici anni, riuscì finalmente a fuggire dalla sua orribile vita domestica attraverso l'unico meccanismo a disposizione delle donne dell'epoca. Abbandonò la scuola, impacchettò i pochi e miseri beni che poteva considerare suoi e lasciò l'ombra della madre, per non tornare mai più.

Gertrude Baniszewski

Gert sposò John Baniszewski pochi mesi dopo l'inizio della loro relazione. Lui era un diciottenne agente di polizia con una promettente carriera davanti a sé. Il matrimonio fu un evento piuttosto intimo, con la sola presenza della famiglia di John. Gert non aveva amici, sua madre disapprovava apertamente la relazione con John a chiunque volesse ascoltarla e lei stessa non aveva intenzione di coinvolgere nessuno dei suoi fratelli nella propria vita da quel momento in poi. Sembrava quasi che il desiderio della madre di Gert si fosse finalmente avverato: sua figlia era sparita.

Anche se John non guadagnava molto, la banca locale fu lieta di concedere un prestito a un agente di polizia, e i due si sistemarono in una modesta casa ai margini della periferia poco dopo la loro breve luna di miele in Ohio. Nei primi tempi, John aveva poco controllo sui suoi turni di lavoro, così i giovani innamorati sfruttavano ogni momento per stare insieme. Gert, spesso, faceva una visita alla stazione di polizia per portargli un pranzo al sacco a metà del suo turno. I panini erano praticamente l'unica cosa che Gert sapeva preparare in quel momento della sua vita. Sua madre le aveva affidato molti lavori, ma non si era mai fidata di lei in cucina, e quasi subito la sua pessima cucina aveva messo a dura prova la nuova relazione. John era stato attirato dalle voci sulle competenze sessuali di Gert, ma dopo aver trascorso un po' di tempo con lei si era reso conto che avrebbe svolto perfettamente il ruolo di moglie. Non si accontentava solo dell'idea di stare in casa e di allevare bambini per il resto dei suoi giorni; era anche abbastanza sveglia da fargli pensare di potersi fidare di lei per la gestione della casa. Come spesso accadeva ai giovani uomini che vivevano da soli, egli sentiva il bisogno non solo di compagnia e romanticismo, ma anche di un rimpiazzo per la madre.

Pensava di ottenere una serva sottomessa e obbediente, ma si sbagliava di grosso. Gert teneva la casa il più possibile in ordine, rimproverando John per il disordine che creava quando era in casa. Era parsimoniosa con il bilancio familiare e spesso rimproverava John per le sue spese eccessive quando usciva a bere con gli amici dopo il lavoro. Tutte le sue virtù si trasformarono presto in vizi. John si aspettava che le sue abilità culinarie sarebbero migliorate con il tempo, ma alla fine del loro primo anno insieme non era ancora in grado di fare molto di più di quanto John stesso sapesse fare. Peggio ancora, l'unica area della vita coniugale in cui John si aspettava che lei eccellesse - la camera da letto - era quella in cui lei lo deludeva maggiormente. Per Gert, il sesso era un peccato mortale; era un lavoro doloroso e sgradevole che doveva sopportare per pagare questa vita che aveva così disperatamente voluto. Mentre le sue maldestre scappatelle erano state più che sufficienti per soddisfare i ragazzi della sua età, John aveva una certa esperienza con le donne e si sentiva come se fosse stato defraudato. Quando fu chiaro che lei non aveva idea di quello che stesse facendo, lasciò trasparire la sua delusione e questo la portò a diventare ancora più chiusa e distante. Il problema si aggravò, con Gert che diventò quasi catatonica durante i loro rapporti d'amore e John che diventa sempre più violento, finché alla fine la violenza diede i suoi frutti.

Nel corso del primo decennio del loro matrimonio, Gert rimase incinta più volte e alla fine ebbero quattro figli. L'intera personalità di Gert cambiò quando rimase incinta per la prima volta. Ogni parte della casa doveva essere immacolata, ben oltre i suoi standard abituali, dopo aver appreso i rischi di infezione per il nascituro. La sua cucina cominciò finalmente a migliorare, quando sentì parlare dai medici dell'importanza dell'alimentazione e iniziò a raccogliere suggerimenti e consigli dalle altre giovani madri che frequentavano le cliniche. Non strinse mai amicizia con nessuna di queste donne, ma finalmente aveva capito che le altre persone erano una risorsa da sfruttare.

Inizialmente, John era soddisfatto del cambiamento di Gert. Anche se non si lasciava toccare volentieri da lui - "per proteggere il bambino" - stava finalmente diventando la moglie che lui si era sempre aspettato. Una volta nato il bambino, la soddisfazione si trasformò nuovamente in frustrazione. Dove prima era stata ossessivamente attenta ai bisogni di John, ora aveva trovato un nuovo punto di riferimento per la sua vita. Non poteva trasformare John in un uomo come suo padre. Non avrebbe mai avuto il rapporto stretto e intenso che desiderava disperatamente con lui, quindi aveva spostato la sua attenzione sui figli: piccole persone che avrebbe potuto plasmare come partner perfetti per accompagnarla nella vita. Tutto ciò che non poteva fare per John, lo faceva volentieri per i bambini. Ogni momento del suo tempo era dedicato a loro, e la stessa gelosia che aveva infestato la casa d'infanzia di Gert ricominciò presto a farsi sentire.

Non è chiaro quando John abbia iniziato a picchiare Gert. Non succedeva durante la gravidanza o subito dopo il parto, ma il resto del tempo sembrava essere terreno fertile. Il motivo di questi attacchi di violenza domestica, a volte brutali, era che Gert lo infastidiva. La donna non tentava di fuggire dalla situazione, ritenendo che fosse solo un'altra esperienza sgradevole che doveva sopportare per avere la vita che desiderava. A volte il fastidio era dovuto al fatto che faceva troppo rumore. Altre volte era semplicemente perché non gli piaceva il modo in cui lei lo guardava. Non fu mai ricoverata in ospedale a seguito delle percosse, anche se ce ne sarebbe stato bisogno in diverse occasioni. John si rendeva conto che spingersi troppo oltre avrebbe potuto danneggiare la sua posizione all'interno della comunità e mettere a rischio il suo lavoro, quindi era cauto nell'abusare di Gert, usandola come un sacco da boxe ma assicurandosi di non perdere il controllo. A quel punto della sua carriera, aveva accumulato anni di esperienza nel gestire casi di mogli picchiate e sapeva bene cosa potesse far scattare un'indagine. Era benvoluto alla stazione, quindi anche se lei avesse sporto denuncia sarebbe decaduta, ma lui preferiva comunque essere prudente.

Durante quel decennio, Gert subì ripetute ferite alla testa, che a volte la lasciavano stordita e disorientata per giorni e a volte la lasciavano troppo ammaccata per avventurarsi al minimarket a comprare il cibo per la settimana. Era diventata più brava a cucinare, più fantasiosa, capace di far durare gli avanzi un giorno in più quando ne aveva bisogno. Migliorò anche con il trucco. Sua madre non le aveva mai insegnato a truccarsi. Una cosa del genere sarebbe stata vergognosa per una bambina, ma Gert imparò osservando le altre donne nei bagni pubblici. La prima volta che vide qualcuno incipriarsi col fondotinta fu come una rivelazione, e improvvisamente il tempo di attesa tra un pestaggio e l'altro si dimezzò.

La rivelazione del fondotinta non fu nulla in confronto al giorno in cui Gert venne a conoscenza del divorzio. Quando era piccola, era sempre stato un argomento di cui si parlava solo a bassa voce. Da bambina sapeva che era qualcosa di così sbagliato che non se ne doveva parlare, ma non che cosa comportasse in realtà. Ora che aveva quattro figli non era più così ingenua, ma era ancora un concetto astratto, una punizione per le mogli davvero terribili che non si sottomettevano ai capricci del marito. Fu solo quando, tra i pettegolezzi del quartiere, sentì parlare di una donna che stava divorziando dal marito, che si rese conto che si trattava di una reale possibilità. Era quasi sopraffatta dall'idea. La parola "divorzio" le rimase in testa per tutto il resto della settimana. La volta successiva che infastidì John, lui sollevò una mano per schiaffeggiarla e la parola le sfuggì dalle labbra come un mantra. Lui si bloccò, con i pugni stretti e gli occhi spalancati, e in quel momento lei capì quanto fosse diventato impotente. Entro la settimana successiva, lei presentò i documenti e il tribunale le assegnò la piena custodia dei bambini. John non provò nemmeno a opporsi.

Gertrude Guthrie

Solo pochi mesi dopo Gert trovò un nuovo marito in Edward Guthrie. Il secondo matrimonio di Gert, in qualche modo, riuscì ad essere per lei un'esperienza ancora meno piacevole del primo, con l'intero clan Guthrie dell'Indianapolis presente a bere pesantemente per tutta la notte.

Lei era ancora giovane e bella come non lo era mai stata, e Eddie sembrava affascinante rispetto a quel bruto del suo ex marito. Quando conobbe Gert era disoccupato ed era molto probabile che una parte importante del suo fascino fosse rappresentata dal fatto che lei aveva un assegno di mantenimento per i figli. Mentre John era un bevitore di compagnia, che spendeva i suoi assegni al bar con gli altri poliziotti, Eddie era più determinato nella sua ricerca dell'oblio. Rubava ogni assegno non appena arrivava a casa e ne spendeva almeno la metà in alcolici, prima che Gert avesse la minima possibilità di accorgersi della sua esistenza. Non stavano drasticamente peggio di quando lei era sposata con John. I bambini venivano ancora nutriti, vestiti e mandati a scuola. Lei li accudiva ancora come solo una madre avrebbe fatto. A loro non mancava nulla e se Gert doveva rattoppare e rammendare alcuni dei loro vestiti, non era certo la fine del mondo. Aveva superato

la Grande Depressione senza lamentarsi. Se doveva fare un po'
di cucito e lavare il bucato dei vicini per avere qualche soldo in
più, non era certo la cosa più grave che le potesse capitare.

A Eddie non importava molto dei bambini. All'inizio si
sentiva a disagio in loro compagnia, ma con il passare del tempo
divenne attivamente ostile nei loro confronti. La prima volta che
colpì uno dei bambini mentre era ubriaco, si svegliò nel fossato
esterno con un brutto bernoccolo sulla nuca. Da quel momento
in poi tenne mani a posto, ma sentiva sempre l'occhio vigile di
Gert su di lui, anche quando era in stato di torpore. Odiava il
modo in cui lei adorava i bambini, detestava il modo in cui
chiacchierava con loro come se fossero suoi amici, anziché le
piccole sanguisughe del suo tempo quali erano in realtà. Se
avesse potuto avere Gert e gli assegni di mantenimento senza i
bambini, probabilmente Eddie sarebbe stato un uomo molto
soddisfatto. Invece, trascorreva ogni momento in loro
compagnia imbronciato.

Nonostante tutti i suoi difetti, Eddie era almeno di buona
compagnia. Quando era sobrio e solo con Gert era attento e
affettuoso. Per la prima volta nella sua vita adulta, Gert capì che
il sesso non era solo una miseria che le donne dovevano
sopportare, ma qualcosa che poteva davvero piacerle. L'atto vero
e proprio era ancora qualcosa che si costringeva a recitare, ma
quando lo faceva, Eddie era come creta nelle sue mani. Gli
uomini erano sempre stati pericolosi per lei; anche quando c'era
suo padre, era più probabile che la sgridasse che la difendesse, e
lei aveva sempre trattato i ragazzi con cui usciva come animali
appena addomesticati, aspettando che diventassero feroci da un
momento all'altro - un altro retaggio dell'educazione di sua
madre sui desideri dei giovani uomini. Solo ora si stava rendendo
conto che gli uomini potevano essere addomesticati usando
esattamente la stessa cosa che sua madre l'aveva sempre
avvertita che cercavano. Ne aveva intravisto un barlume quando
da adolescente cercava di attirare l'attenzione, ma ora che era
completamente cresciuta ne stava finalmente comprendendo il

potenziale. Era riuscita a mantenere Eddie docile e piacevole per quasi tre mesi flirtando con lui in modo astuto. Con un po' più di seduzione, riuscì a convincerlo a smettere di bere e a tornare alla realtà di tutti i giorni per cercare lavoro.

Una volta ottenuto un reddito proprio e prospettive migliori, chiese il divorzio senza nemmeno parlarne con Gert. Quando si incontrarono in tribunale, la motivazione che usò per lasciarla fu che "i bambini lo infastidivano" e, di fronte a questa totale mancanza di empatia e a nessuna contro-argomentazione da parte della stupita e furiosa Gert, il giudice concesse il divorzio senza alcuna difficoltà. L'intera relazione, dall'incontro al divorzio, durò meno di un anno.

Gli assegni di mantenimento da parte di John continuavano ad arrivare a intermittenza e, ora che non venivano più intercettati, Gert scoprì che poteva permettersi tutto ciò di cui la famiglia aveva bisogno con facilità, a patto di rimanere parsimoniosa. Tuttavia, la vergogna di essere una madre single era grande e si sentiva sempre più sola durante le lunghe serate dopo che i bambini si sistemavano nei loro letti. Allo stesso tempo, dopo l'umiliazione del divorzio da Eddie, la sua fiducia era troppo compromessa per tentare un altro round di frequentazioni.

Un giorno si imbatté in John mentre era di pattuglia nel quartiere, del tutto casualmente, e i due ricaddero immediatamente nei loro vecchi rituali di conversazione. Non aveva intenzione di invitarlo a cena, ma quando ci fu una pausa nella conversazione le era sembrata la cosa più appropriata da fare. Quando si era presentato alla porta di casa sua, i bambini erano andati in fibrillazione per il fatto che il padre fosse tornato a casa. Gert ricordava quell'eccitazione di quando suo padre rientrava. Ricordava il dolore della separazione in modo così acuto che poteva sembrare ieri. Dopo la cena, fece bere a John una bottiglia di liquore avanzato da Eddie finché i bambini non si furono sistemati e russarono nei loro letti, poi si dedicò a lui con le nuove abilità che aveva sviluppato durante il loro periodo di separazione. Se i bambini erano stati felici di vedere il padre a cena, lo erano ancora di più quando era ancora lì per la colazione. Nel giro di poche settimane, tutto si era risolto e John si era trasferito di nuovo a casa.

Il loro secondo matrimonio fu un evento di basso profilo, con la partecipazione di pochi parenti stretti e senza troppe formalità. Questa volta sia Gert che John sembravano molto più rilassati. Quel senso di calma li seguì anche a casa. Sentendo finalmente di avere la moglie che meritava, John divenne un marito migliore. Gert si sentì finalmente come se lo avesse sotto il suo controllo e divenne una moglie migliore.

Tutta questa tranquillità durò circa un anno prima che Gert rimanesse nuovamente incinta. Aveva quasi portato a termine la gravidanza quando ebbe un aborto spontaneo. Non era la prima volta che le succedeva, ma era la prima volta che succedeva così tardi e lei sprofondò in una profonda depressione. La casa cadde in rovina, i pasti divennero monotoni e insipidi e alla fine non comparvero più sulla tavola. La loro vita sentimentale si raggrinzì e morì, e tutte le lamentele di Gert sul suo primo matrimonio con John tornarono a tormentarlo. Lui ricominciò a picchiarla, all'inizio solo per porre fine ai suoi episodi isterici, ma presto solo perché sentiva che se lo meritava. Sembra che lei la pensasse allo stesso modo, perché non tentava quasi mai di fermarlo, anzi lo punzecchiava spesso, fino a portarlo alla violenza. Continuò la sua discesa nell'oscurità fino a quando scoprì di essere di nuovo incinta, e a quel punto tornò ad essere quella di un tempo. John era stato sul punto di abbandonare di nuovo la casa prima che lei ricevesse la notizia, e fu così compiaciuto dall'improvviso cambiamento nel comportamento e nell'atteggiamento di Gert, che la sua violenza cessò immediatamente, aggiungendo ulteriore credito alla teoria di lei che meritava qualsiasi punizione lui le avesse inflitto per essere una "cattiva moglie". Nei sette anni successivi, questo schema si ripeté più volte: lei abortiva e crollava in una profonda depressione, per poi rimanere nuovamente incinta e riprendersi.

Alla fine del loro secondo matrimonio, Gert aveva dato alla luce due bambini sani. Gli altri non arrivarono mai a termine. Dopo sette anni di montagne russe emotive, fu John a chiedere un secondo divorzio. Ancora una volta, Gert si ritrovò con la custodia completa di tutti e sei i suoi figli, senza alcuna contestazione.

Gertrude Wright

A 37 anni, Gert era una madre single instabile con sei figli e nessun introito oltre a quello che riceveva dall'ex marito per il mantenimento dei figli. Dopo aver contato così tanto su John per il sostegno finanziario durante il loro secondo matrimonio, e con la graduale degenerazione delle sue facoltà, Gert si trovò nell'impossibilità di coprire le rate del mutuo della casa che aveva condiviso con i suoi mariti e i suoi figli per tutta la vita, ed era sull'orlo dello sfratto quando si aggrappò a Dennis Wright come possibile salvatore. Quando lo conobbe, Dennis era già sposato con un'altra donna, e Gert aveva dieci anni in più di lui. Lei sfruttò entrambi questi squilibri di potere fino in fondo, usando i favori sessuali come ricompensa ogni volta che Dennis la soddisfaceva in altri modi. Si trasferì a casa sua il giorno dopo che sua moglie se ne andò, portando con sé tutta la sua numerosa prole. Anche il giovane Dennis non era un individuo particolarmente equilibrato, incline a episodi di alcolismo autodistruttivo che potevano spiegare la sua incapacità di prendere decisioni riguardo la sua nuova situazione domestica. Qualunque fosse il potere che Gert esercitava su di lui, sembrava essere efficace: lui si era ritrovato ad accollarsi gli oneri finanziari della sua famiglia, improvvisamente allargata, senza lamentarsi.

L'instabilità di Gert non svanì solo perché era riuscita ad accaparrarsi un nuovo compagno. La sua bella casa di East New York Street fu presto ricoperta di sporcizia perché lei si rifiutava di pulire, per sé e per i suoi figli. Lasciava cibo e rifiuti sul pavimento perché aveva perso interesse, e in più di un'occasione uno dei bambini più piccoli rischiò di soffocare con un pezzo di immondizia gettata a terra. Dennis era silenziosamente inorridito dalla creatura che aveva accolto in casa sua, ma il dominio sessuale di Gert su di lui non gli permetteva di fuggire.

Dennis aveva passato quasi un mese a pianificare la sua fuga dalle grinfie di Gert. Sapeva che se lei fosse stata nella stanza con lui, se avesse potuto posare le mani su di lui, tutto sarebbe stato perduto. Perciò aveva pianificato tutto; sapeva di essere più docile dopo una delle loro "serate", così aveva aspettato che lei ne programmasse una, in modo che la sua fuga avvenisse in maniera tattica. Non era orgoglioso dell'idea di sgattaiolare via da una casa piena di bambini e da una donna che ne aveva chiaramente passate troppe, ma tutto questo stava diventando troppo reale per lui, troppo in fretta. Non sapeva nemmeno se voleva dei figli, figuriamoci sei di quei piccoli bastardi piagnucolosi. Non ne aveva avuti con sua moglie, quindi non era certo pronto a buttarsi con una donna che conosceva appena. Non doveva resistere ancora a lungo, doveva solo aspettare che Gert cominciasse a fare qualche avance per capire che lei era dell'umore giusto, poi avrebbe potuto fare le valigie e darsela a gambe. Poi la casa rancida, i bambini urlanti e lei sarebbero stati solo un lontano ricordo. Aveva parenti all'estero, poteva trovare un lavoro ovunque, non era obbligato a rimanere e a soffrire per tutta la vita con quella megera solo perché lei riusciva a leccarsi le labbra e a fargli tremare le ginocchia.

Era pronto per la solita cacofonia quando si avvicinò alla porta, pronto a inciampare nelle bottiglie di soda scartate e a sentire l'odore acuto dei pannolini inzuppati, invece trovò la casa quasi silenziosa. Aprì la porta a tentoni e quasi sussultò quando si rese conto che poteva vedere di nuovo la moquette del corridoio. Tutta la posta, i giornali e le schifezze varie che avevano formato una spessa patina sul corridoio erano stati staccati. La base dei muri, dove gli stivali sporchi di fango avevano schizzato, era ora pulita e il mucchio di cappotti vicino alla porta era stato nascosto in qualche armadio. Chiuse la porta in silenzio, temendo che se avesse fatto troppo rumore sarebbe scoppiata la bolla di pace che si era in qualche modo formata in casa sua. Sembrava di nuovo casa sua, non un covo di bambini feroci urlanti o un cumulo di rifiuti. Per un attimo si chiese se avesse sbagliato porta. Poi si chiese se fosse diventato sordo. Entrambe le preoccupazioni svanirono quando sentì Gert in cucina, con la sua voce che cantava come se fosse uscita da un film della Disney. Camminò dolcemente lungo il corridoio, ammirando i pavimenti puliti, le pareti pulite, tutto pulito. Non si era nemmeno reso conto di quanto la sporcizia fosse diventata opprimente finché non sparì, e ora era come se si fosse tolto un peso dal petto e potesse respirare di nuovo. Lo fece, aspirando a pieni polmoni l'aria fresca e pulita e il più lieve sentore di candeggina.

Sorrideva già quando raggiunse la cucina e gli aromi caldi di una cena casalinga si unirono alla miscela. Gert era ai fornelli e cantava ai bambini riuniti intorno al tavolo e ai mobili. A giudicare dallo stato dei loro volti, avevano già mangiato prima del suo arrivo, il che fu una fortuna perché Gert si voltò verso di lui con un sorriso sorprendentemente luminoso. Sembrava un'altra persona. Gli occhi infossati, il ghigno, tutto era scomparso. La donna che fingeva di essere in quei momenti in cui si rotolavano tra le lenzuola e lui perdeva il controllo della sua vita, era la donna che ora si trovava nella sua cucina, che gli preparava la cena e che sembrava l'immagine perfetta di una casalinga immacolata. Non si sarebbe mai accorto che fino a ieri i suoi vestiti erano sporchi e incrostati di sudore. Non avrebbe mai potuto immaginare lo stato orribile della sua casa prima di oggi, se l'avesse guardata ora. Ma naturalmente non la stava guardando perché aveva occhi solo per Gert. Lei si avvicinò e gli posò un morbido bacio sulle labbra e lui non riuscì a trattenere il sorriso nemmeno per un attimo. "Benvenuto a casa, Dennis. La cena sarà pronta tra un attimo. Perché non ti siedi?".

Con un semplice gesto della mano, lei allontanò i bambini, che si dispersero uno dopo l'altro. Alcuni, però, si voltarono a guardare indietro con un'espressione di risentimento. Lui era quasi sicuro di riuscire a sentire il profumo della torta di pesche che cuoceva nel forno, e non poté fare a meno di comprendere quella gelosia.

Il pasto era delizioso, ma non era nulla in confronto al modo in cui Gert lo guardava, o semplicemente al suo aspetto. Era come se qualcuno avesse riportato indietro l'orologio della sua triste vita e lei fosse tornata a essere giovane e bella. Sorrideva facilmente e batteva le palpebre ogni volta che lui le faceva i complimenti, e lui si accorse che non riusciva a smettere di farle i complimenti perché tutto era così dolce in quel momento. Dopo aver finito di mangiare, lei si sedette sulle sue ginocchia e gli pulì l'angolo della bocca con un tovagliolo. "Mi dispiace di non averti sempre trattato bene, Dennis, ma ti prometto che ora le cose stanno cambiando".

"Sì?" Lui sorrise.

Le mani di lei gli scivolarono sul petto e dietro la nuca. Gli occhi di lei gli riempirono la vista, enormi e con le palpebre pesanti come quelle di una mucca. Lui si bagnò le labbra. "Oh sì."

"Sono stata pessima con te e voglio iniziare a farmi perdonare stasera". Lei si spostò leggermente sulle sue ginocchia e lui, con un brivido, si rese conto di cosa avrebbe potuto comportare farsi perdonare. In fondo alla sua mente, una vocina urlava che aveva un piano, che stava per andarsene, ma lui la respinse senza pensarci due volte. Questo prima che lei cambiasse. Ora sarebbe andato tutto bene.

Alcune ore dopo si accasciò sul suo lato del letto, ricoperto di sudore e dolorante per lo sforzo. Era un buon dolore, quel tipo di dolore che ti lascia ben consapevole di quanto sei vivo. Al chiaro di luna poteva vedere Gert distesa sul letto, con la pelle che brillava nella tinta blu. La risata di lei era come un brontolio in gola, mentre quella di lui era così bassa da sembrare un ringhio. "Cominci già a perdonarmi?".

Lui emise un suono che poteva essere descritto solo come una risatina. "Potrei, in effetti. Forse."

Lei si chinò e il lenzuolo che la copriva cadde. Lui sentì un familiare rimescolamento in fondo allo stomaco. Gli occhi di lei si allargarono quando notò che si stava contorcendo. "Di nuovo, di già? Stai cercando di sfinirmi?".

"Ci vogliono più di due volte per farti addormentare". Lui sorrise in risposta.

"Non così in fretta, prima dobbiamo discutere di alcune cose".

Si girò e cominciò a scivolare verso di lei. "Meglio discuterne in fretta, perché sto arrivando".

"Be', c'è un certo ordine nelle cose. Prima viene l'amore, poi il matrimonio...".

Smise di strisciare e il suo buon umore cominciò a raffreddarsi con la stessa rapidità del sudore sulla sua schiena. "Sai che non posso sposarti. Dovrei prima presentare i documenti in tribunale e questo richiede tempo e soldi per l'avvocato".

Lei si dimenò sul letto in modo da distrarlo, finché non furono abbastanza vicini da potersi baciare. "Penso solo che dovremmo sistemare le cose al più presto, tutto qui. Perché... non si sa mai cosa potrebbe succedere".

Il freddo si era ormai insinuato nelle ossa di Dennis. "Cosa vorresti dire?

"Voglio solo dire che... sai come nascono i bambini, vero? Non sei così giovane".

Lo stomaco gli si rivoltò e in un istante tutta la sorda paura che aveva cacciato in fondo alla mente tornò a farsi largo come un ospite indesiderato. "Non voglio figli, Gert".

Lei scrollò le spalle, facendo sobbalzare il seno e distraendolo di nuovo. "Be', alla vita non interessa quello che vogliamo noi, Dennis. Riceviamo quello che il Signore ci dà e dobbiamo adattarci. Sai che amo ognuno dei miei bambini, ma dopo il primo non ne volevo più. Ed eccomi comunque qui".

Ora la fissava, cercando di guardare oltre la lucentezza del sudore e la carne che lo distraeva e di concentrarsi sulla donna che c'era dietro a tutto questo. Incontrò i suoi occhi e cercò di mettere da parte tutti i suoi trucchetti. I suoi occhi scorsero il suo ventre. Sembrava più abbondante di un tempo? Era solo il pasto saziante che avevano consumato? Lei era... Il suo pugno si chiuse prima che avesse il tempo di pensare. "Mi stai dicendo qualcosa?"

"Be', speravo che potessimo parlare dei nostri progetti...".

"Aspetti un bambino?", ringhiò lui sopra i suoi sussurri. " È così?

Per un attimo la calma disinvoltura sul suo volto vacillò e poté vedere di nuovo la megera dagli occhi infossati che lo fissava. L'incubo che aveva rovinato la sua casa, rovinato la sua vita, e che ora aveva intenzione di rovinare anche il suo futuro. Un bambino. Non ci sarebbe stato modo di tornare indietro. Se avesse avuto un bambino, l'avrebbe posseduto per sempre. Aveva visto cosa aveva fatto al poliziotto con cui era stata prima. Avrebbe pagato di tasca sua fino al giorno della sua morte. Non sarebbe mai riuscito a fuggire. Uno stato più in là o dall'altra parte del continente. Non avrebbe avuto importanza una volta che il suo nome fosse stato su quel certificato di nascita. Si ritrasse da Gert come se fosse un serpente velenoso. "Non voglio alcun figlio!".

Lei gli sorrise con indulgenza e si passò una mano sulle smagliature. "Forse avresti dovuto pensarci prima di...".

Il suo pugno la colpì sulla guancia, abbastanza forte da far uscire sangue. Lei non gridò nemmeno. Aveva troppa esperienza nel subire percosse; lui aveva visto le sue cicatrici. Invece, si limitò a guardare sorpresa. Un po' delusa. Lui la colpì di nuovo, questa volta nell'occhio, facendole cadere la testa all'indietro con un tonfo gratificante.

Lui non avrebbe avuto un figlio. Lei non l'avrebbe incastrato con le sue grinfie. Lui se ne sarebbe liberato. Le piovvero addosso dei colpi e lei alzò le braccia nude per respingere i colpi più forti dal viso. Lui provava quasi piacere nel conficcarle i pugni nel petto, osservando le dolci curve del suo corpo scurirsi e lacerarsi sotto i suoi attacchi.

Fu solo quando iniziò a martellare le nocche sullo stomaco di lei che gli passò per la testa qualcosa di simile a un pensiero razionale. Non doveva avere un bambino. Lei non poteva fargli questo. Non le avrebbe permesso di fargli questo. La colpì lì, ancora e ancora, a un certo punto lei cominciò a urlare e a piangere. Ora lo implorava. "Non il bambino. Ti prego. Tutto tranne il bambino".

Per poco non sollevò pure il letto mentre alzava pugni e la colpiva ancora. E ancora. Aveva le mani e le lenzuola sporche di sangue, ma non era sufficiente. Voleva che il bambino uscisse dal suo corpo. Voleva che si distruggesse e sparisse. Non gli importava se era un bambino. Non gli importava se fosse giusto o sbagliato. Non le avrebbe permesso di fargli questo.

Il sangue arrivò solo più tardi e non era tanto quanto Gert si aspettava. La gravidanza era troppo precoce affinché fosse molto, ma era comunque un segno sicuro che Dennis aveva ottenuto il suo scopo. Perse il bambino nelle prime ore del mattino successivo, mentre Dennis russava soddisfatto nel loro letto. Si sedette sul water, con gli occhi vuoti, e sentì tutta la gioia e la vita che le uscivano dal corpo.

Da allora, la relazione proseguì zoppicando. Gert non voleva rinunciare alle sue rivendicazioni su di lui e Dennis era troppo debole per liberarsi dal suo fascino discutibile. Dopo la gravidanza aveva mantenuto alte le apparenze. Aveva tenuto la casa immacolata e i bambini ben accuditi. Lui aveva un pasto caldo in tavola tutte le sere quando tornava dal lavoro e lei era più che disposta a finire a letto con lui in qualsiasi momento. Questo avrebbe dovuto insospettirlo, ma lui non era così intelligente. Lei non gli fece sapere di essere incinta finché lui non riuscì a scoprirlo da solo e questa volta lo accettò con un' ottusa compiacenza. Gert credeva davvero di averlo conquistato, anima e corpo.

Quando nacque il bambino, lo chiamò Dennis Junior. Quando tornò a casa dall'ospedale, il padre era sparito nel nulla.

Di tutte le degradazioni e gli imbarazzi che Gert aveva subito nella sua vita, questo era il più brutale. Di Dennis non era rimasta alcuna traccia, nemmeno il nome. Affermava a chiunque volesse ascoltarla che Dennis l'aveva sposata prima di partire. Che il bambino non era un bastardo. Che era vedova. Raccontava bugie diverse così velocemente che spesso cambiava storia nel bel mezzo di una conversazione con lo stesso vicino di casa. Tutto ciò che prima aveva radicato Gert alla realtà, ora non esisteva più. Smise di mangiare e beveva solo quando uno dei bambini più grandi le metteva in mano una bibita. I medici la visitavano spesso e nel quartiere si diceva che soffrisse di malattie croniche. Passò dall'aspetto di una donna di mezza età relativamente bella, all'aspetto scheletrico nel giro di poche settimane, come se Dennis Junior le stesse succhiando via la vita.

Le voci circolarono abbastanza rapidamente, e ancora una volta nella sua vita quella rete di pettegolezzi tra le donne della zona servì ad aiutare Gert. Le fu chiesto di fare da babysitter in molte occasioni e fu pagata generosamente per i suoi sforzi. Donne che avevano gestito il loro carico di lavoro domestico senza sforzo per tutta la vita adulta, all'improvviso avevano bisogno di passarle un po' di biancheria da lavare e da stirare perché non ce la facevano più, e lei era un tesoro per il suo aiuto. Seguirono ulteriori passaggi di denaro. I pagamenti per il mantenimento dei figli di John erano pochi e sporadici. Lui aveva saputo di Dennis, della casa confortevole in cui Gert si era trasferita, e aveva deciso che lei non aveva più bisogno dei suoi soldi guadagnati con fatica. C'era l'affitto da pagare per la casa e i bambini da sfamare e vestire, così lei si limitava a fare tutto ciò nonostante non avesse alcun significato per lei.

Paula Baniszewski

Mentre Gert viveva tutti i suoi vari drammi e traumi, il tempo non si era fermato per i suoi figli. La figlia maggiore Paula era stata costretta a svolgere il ruolo di amica e confidente della madre fin dalla più tenera età, imparando di seconda mano tutti i dettagli raccapriccianti della vita della sua unica e costante figura genitoriale, dopo che Gert aveva usato la sua particolare prospettiva sugli eventi. Crebbe con una concezione del mondo piuttosto distorta, e la sua concezione delle relazioni sentimentali era fortemente influenzata dal modo in cui sua madre interagiva con gli uomini, cosa che Paula vedeva ovviamente come perfettamente normale. La sua vita sentimentale da adolescente aveva avuto meno successo di quella di Gert. In parte, questo era dovuto al fatto che la rivoluzione sessuale era già arrivata quando lei era adolescente, e quindi tutte le altre ragazze della sua età erano molto più disposte a farsi corteggiare. Inoltre, non sentiva la disperazione che sua madre aveva sperimentato a quell'età. Non aveva bisogno di attenzioni e di affetto. Ne aveva ricevuto in abbondanza da sua madre, anche se sotto forma di un'amicizia fin troppo familiare piuttosto che di un normale rapporto genitoriale.

Quando Gert ebbe un esaurimento nervoso in seguito all'abbandono da parte di Dennis, quel sistema di sostegno svanì per tutti i suoi figli e, per la prima volta, Paula si trovò a cercare affetto al di fuori della sua famiglia. Iniziò così a stringere amicizia con tutti i bambini del vicinato e i compagni di scuola a cui poteva avvicinarsi. Con la madre completamente estraniata dalla realtà, Paula si trovò a essere il capo famiglia *de facto* e utilizzò le risorse estremamente limitate che le venivano messe a disposizione per trarne il massimo vantaggio. La casa dei Wright divenne un luogo di ritrovo per gli adolescenti, dove erano liberi di fumare, ascoltare musica e oziare senza temere la supervisione dei genitori. Nelle rare occasioni in cui Gert usciva dalla sua stanza, sembrava adottare l'atteggiamento rilassato con cui Paula l'aveva descritta. Gert continuava a dimostrarsi incapace di distinguere ciò che fosse appropriato dire o fare con degli adolescenti, intrappolata in uno stato emotivo sottosviluppato a causa dell'isolamento e delle relazioni abusive vissute. Tuttavia, le amicizie di Paula e la rete sociale sempre più ampia che stava costruendo non erano sufficienti a colmare il vuoto che Gert sentiva.

Il ragazzo di Paula aveva solo un anno in meno di lei e, anche se di solito non si sarebbe interessata a un ragazzo più piccolo, non poteva negare che avesse un fascino fanciullesco. In salotto c'era ancora un disco che suonava e il chiacchiericcio della solita comitiva quasi lo annullava. Non era preoccupata che qualcuno la vedesse baciare un ragazzo. Erano tutti troppo presi dai loro melodrammi per degnarla di uno sguardo, anche se in apparenza era la padrona di casa. Quando le mani di lui scesero a stringerle il sedere, Paula sobbalzò come se avesse toccato una stufa bollente, poi si strinse di nuovo a lui e ricambiò il suo bacio a bocca aperta. Ogni volta che lui la stringeva, sentiva il cuore battere più forte. Con una risatina si staccò e, con un ultimo sguardo nervoso verso il soggiorno, lo prese per mano e lo trascinò in camera da letto. Tecnicamente doveva dividerla con le altre ragazze, ma tutte stavano chiacchierando nell'altra stanza. Non ci sarebbero stati sguardi indiscreti o grida di protesta.

Inciamparono in alcune vecchie scarpe consumate e per poco non caddero in un mucchio di vecchi giocattoli rotti, ma arrivarono al letto di Paula senza altri incidenti. Aveva visto sua madre con gli uomini abbastanza spesso da sapere cosa doveva succedere. Guidò le mani del ragazzo fino al petto e gemette più forte che poté, anche se le faceva male soprattutto quando il ragazzo si eccitava troppo e le schiacciava i seni con le dita smussate. Lei si tolse a fatica la camicetta e lui armeggiò con la cintura, con gli occhi spalancati e la bocca aperta per l'attesa. Lei si chinò per baciarlo di nuovo con metà dei bottoni slacciati e a lui bastò un secondo per ricordarsi cosa doveva fare. Paula cominciava a sentire caldo. I suoni provenienti dall'altra stanza si stavano affievolendo finché non riuscì a sentire solo il respiro ansimante del ragazzo e il battito del suo cuore nelle orecchie. La porta si aprì scricchiolando, ma Paula era così persa nel momento che non si rese nemmeno conto che c'era qualcun altro nella stanza quando iniziò lo schiamazzo. "Peccatori!"

Paula saltò giù dal ragazzo e cercò di scappare, ma sua madre la prese per i capelli e la trascinò indietro. "Sporca puttana. In casa mia. In casa mia!"

Con uno strattone fece emettere a Paula un grido strozzato e la fece inginocchiare. "E tu! Non farti più vedere gironzolare intorno alle mie ragazze. Mi hai sentito, lurido! Vattene da questa casa prima che faccia qualcosa di cui mi pentirò".

Le ultime settimane non erano state gentili con Gert. I suoi capelli avevano cominciato a ritirarsi e la mancanza di nutrimento aveva fatto sì che i suoi occhi affondassero ancora di più nella maschera cranica del suo viso. Nel migliore dei casi sembrava un incubo in carne e ossa, ma qui, nell'ombra profonda, con la sua voce stridula, fu una fortuna che il ragazzo di Paula non si bagnasse mentre si affannava a scappare senza degnarla di uno sguardo di compassione. Gert corse fuori dopo di lui, urlando a squarciagola, scacciando i ragazzi da casa sua con una lunga filippica di vili insulti e maledizioni. Paula rimase inginocchiata nell'oscurità, con le lacrime che le rigavano il viso e la gioia del primo bacio dimenticata dalla marea di terrore che aveva appena travolto la sua vita.

Ogni tentativo di Paula di frequentazione si scontrava con sfoghi simili e con l'interruzione della sua routine sociale. Dopo il primo incidente, Gert rimosse tutte le porte interne della casa e le fece tagliare dai ragazzi più grandi per farne legna da ardere. La volta successiva che vide Paula parlare da sola con un ragazzo, la sua facciata felice e spensierata si dissolse ancora una volta e trascinò la ragazza dentro casa per una lunga ramanzina su come avrebbe rovinato la sua vita, rimanendo incinta al di fuori del matrimonio, distruggendo le sue aspirazioni. Quando la ramanzina non funzionò e Paula fu sorpresa a rientrare tardi con le labbra rosee e gonfie a causa di un bacio, Gert iniziò per la prima volta in vita sua a stabilire delle regole per la famiglia. Ogni domenica andavano in Chiesa e per il resto della settimana le sue prediche erano infarcite di nuovo fuoco e fiamme dell'inferno. Non solo Paula avrebbe rovinato sua vita, ma avrebbe anche macchiato la sua anima immortale. In breve tempo le prediche divennero poco frequenti, poi Gert tornò alle sue vecchie abitudini. Nessuno dei giovani aveva osato metterla di fronte alla verità del suo comportamento peccaminoso. Si faceva ancora chiamare signora Wright per sviare qualsiasi sospetto di scorrettezza, ma tutti nel quartiere sapevano la verità, il che significava che anche tutti i loro figli ne erano al corrente. Nessuno di loro era disposto a insultare Gert parlando di loro, sia per il suo temperamento selvaggio, sia perché la compiangevano o perché apprezzavano le cose che faceva per loro – ma tutti conoscevano la sua vergogna e lei li detestava per questo.

Dal canto suo, Paula allontanò la sua vita sentimentale dalla linea di fuoco con tutta la discrezione che può avere un'adolescente. Sapeva che, come sua madre, l'unica vera speranza di una vita agiata era quella di un buon matrimonio, ma come sua madre i suoi gusti erano discutibili e la sua pazienza era estremamente limitata. Piuttosto che aspettare che un ragazzo della sua età si dichiarasse e le chiedesse di uscire, Paula iniziò a uscire di nascosto la sera e a frequentare i bar della zona, dove le voci sulla sua presenza avevano meno probabilità di giungere alla madre. Non le ci volle molto per accalappiare un imprenditore locale di successo, e se lui aveva trent'anni più di lei non aveva molta importanza nel grande schema delle cose. Lui la portò in un motel e dormirono insieme regolarmente per circa un mese prima che lei affrontasse l'argomento del matrimonio, visto che lui non sembrava propenso a parlarne. Fu allora che lui tirò fuori dalla tasca la fede nuziale e se la infilò al dito. Paula non avrà ricevuto molti insegnamenti morali da sua madre, ma aveva un certo senso di orgoglio personale. Gli disse quello che pensava di lui e lo lasciò solo in quella stanza di motel senza degnarlo di uno sguardo.

Le erano bastati un mese o due per rendersi conto che qualcosa non andava e, nonostante tutti i problemi che aveva avuto con la madre da quando aveva iniziato a uscire, non aveva mai avuto dubbi sul fatto che Gert fosse l'unica persona in grado di aiutarla. Presero l'autobus per andare dal medico, mentre una delle mamme del quartiere badava ai piccoli e il resto dei bambini andava a scuola, e un rapido esame del sangue confermò quello che già sapevano: Paula era incinta.

Per Gert fu la goccia che fece traboccare il vaso. Già vicina al punto di rottura, vedere la figlia ripetere esattamente gli stessi errori che aveva commesso lei fu sufficiente a spingerla oltre il limite della pazzia. Grazie al lavoro di tutti i figli più grandi, la casa era stata mantenuta vivibile fino a quel momento e, grazie a un accordo silenzioso, avevano costretto la madre a mangiare abbastanza da non farla morire, ma ora Gert andava oltre il suo solito stato catatonico, fino a diventare feroce. Se sorprendeva i bambini a fare i lavori di casa, li cacciava via. Se cercavano di darle da mangiare, urlava loro contro finché non si arrendevano. Dove prima sopportava qualsiasi tipo di stupidaggine e di rissa nel suo salotto, ora la incoraggiava attivamente, spargendo voci tra i bambini del vicinato con una soddisfazione e una cattiveria che facevano trasalire anche i più incalliti tra i soliti commentatori sornioni. Dove prima viveva nello squallore perché era troppo persa per il mondo per fare qualcosa, ora godeva dello stato raccapricciante del suo tugurio e degli abissi di miseria in cui era sprofondata.

L'accordo coi Likens

Paula continuava la sua vita come se sua madre non fosse nel mezzo di un completo esaurimento nervoso. La sua vita sentimentale si era fermata con la gravidanza, ma era riuscita a mantenere il segreto con i ragazzi del quartiere e persino con la maggior parte dei suoi fratelli e sorelle, così la sua vita sociale non ne aveva risentito. La loro casa era diventata il centro sociale per tutti gli adolescenti del quartiere molto prima di questo ultimo tracollo, ma ora era l'unico posto in cui ritrovarsi. Gli adolescenti non erano turbati dal disordine e il fatto che Gert non solo li lasciasse fare quello che volevano, ma si unisse attivamente ai loro piccoli battibecchi era incredibilmente divertente per i ragazzi.

Tuttavia, anche Paula aveva bisogno di prendersi una pausa dalla casa. Sebbene la maggior parte dei suoi amici si riunisse lì ogni giorno dopo la scuola, di tanto in tanto riusciva a sgattaiolare fuori per andare a trovare qualcuno di quelli che avevano scelto di non frequentare regolarmente il luogo. Darlene McGuire, ad esempio, proveniva da una famiglia irlandese che si trovava appena al di là della rispettabilità, e Gert non aveva mancato di riservarle alcuni commenti taglienti. Darlene continuava a venire a casa loro abbastanza spesso, ma per lei non era un appuntamento quotidiano come per molti altri.

Darlene era una ragazza gentile con una folta chioma di capelli neri e ricci, e Paula non aveva conosciuto abbastanza gentilezza nella sua vita. Se in città girava una brutta voce, non veniva certo da lei, e se la chiesa faceva una raccolta di beneficenza Darlene dava il suo ultimo centesimo perché voleva aiutare, non solo perché cercava di salvare le apparenze come tutte le altre. L'unica sua cattiva abitudine era quella di accogliere i randagi. Sua madre aveva dovuto sfrattare con la forza diversi cani e gatti nel corso degli anni, oltre a una manciata di uccelli e, in un'occasione memorabile, un opossum. L'ultima coppia di randagi che aveva raccolto fu presentata a Paula come Sylvia e Jenny Likens. Sylvia aveva più o meno l'età di Paula, era carina come nessun'altra persona che Paula avesse mai incontrato, era dolce ma amichevole. Jenny era un po' più giovane e molto più goffa della sorella. Aveva delle bretelle alle gambe legate sopra i vestiti, ricordo di un attacco di poliomielite infantile da cui non si era mai ripresa del tutto. Darlene le aveva trovate mentre vagavano per la città e le aveva trascinate a casa con sé quando era diventato chiaro che non avevano un posto dove andare.

Con un po' di tentennamenti e di convincimenti, tutte e quattro le ragazze si diressero a casa di Paula. Si sistemarono nella sua stanza per ascoltare alcuni dischi e bere una bibita mentre le ragazze più grandi fumavano e cercavano di estorcere la storia alle due più giovani. Dopo circa un'ora tutto venne fuori, e ognuna delle ragazze Likens contribuì con riluttanza al racconto.

Nel cuore della notte, Betty aveva scosso le figlie per svegliarle. Aveva preparato una borsa per ciascuna di loro. Nei suoi occhi brillava uno sguardo folle e intorno a uno di loro c'era un livido. Parlava con un sussurro sibilante. "Forza ragazze, ce ne andiamo da qui. Non passerò un'altra notte sotto lo stesso tetto di quel bastardo".

Si erano vestite a tentoni nel buio e, dopo un paio di tentativi, Betty era riuscita a far scattare l'apparecchio di Jenny senza farle male. Insieme sgattaiolarono nella strada poco illuminata e per un breve momento, quando l'aria fredda della notte le colpì il viso, Sylvia si chiese quando questo strano sogno sarebbe finito. Arrivarono alla stazione degli autobus prima che la realtà cominciasse a riemergere, e Sylvia si chiese se poteva tornare da suo padre. Lester non era un padre particolarmente terribile, così come Betty non era una madre terribile: erano solo intensamente e profondamente egocentrici. La loro relazione era stata al centro della scena per tutta la loro vita. Le loro figlie erano solo comparse.

Se Sylvia fosse tornata indietro, lui avrebbe continuato a essere un padre assolutamente mediocre e Betty sarebbe sparita nella notte, proprio come aveva pianificato. La vita poteva rimanere più o meno la stessa, se solo avesse trovato il coraggio di alzarsi e correre a casa. Jenny incontrò i suoi occhi. Era appollaiata sul bordo della fila di poltrone di plastica di fronte a Sylvia e sembrava pronta a piangere. Sylvia avrebbe potuto abbandonare sua madre a qualsiasi bizzarra avventura avesse programmato, ma non poteva lasciare Jenny a soffrire da sola. Non poteva proprio. Insieme, aggrappandosi saldamente ai loro pochi bagagli e alle mani dell'altra, le ragazze salirono su un autobus per Indianapolis e sperarono per il meglio.

L'autobus puzzava leggermente di urina e le uniche altre persone a bordo erano francamente terrificanti per Sylvia. Un uomo dagli occhi selvaggi e dalla barba folta occupava il sedile posteriore, circondato da lattine di birra vuote. Una vecchia signora che sembrava non respirare aveva la testa appoggiata al finestrino vicino alla parte anteriore. Le sorelle si misero a sedere insieme dietro la madre e Sylvia non si lamentò nemmeno una volta, anche se Jenny sembrava fare del suo meglio per schiacciare ogni osso della mano. Man mano che l'autobus procedeva, le fitte di terrore cominciarono ad attenuarsi e la consapevolezza che era ancora notte fonda si posò pesantemente su di loro. Jenny fu la prima ad addormentarsi, il suo russare era un lieve sussurro tra i capelli di Sylvia. Poi la madre si accasciò in avanti sulla sua borsa troppo imbottita e cominciò a sbavare. Sylvia fu l'ultima ad addormentarsi, con il nervosismo che la riportava sull'attenti ogni volta che l'autobus sferragliava, ma la stanchezza che la trascinava giù altrettanto rapidamente.

Arrivarono a Indianapolis prima che sorgesse il sole, raccolsero le valigie da sotto l'autobus e si diressero in città con "una nuova speranza nel cuore", secondo Betty. Sfortunatamente, la nuova speranza nei loro cuori non era accompagnata da denaro contante nelle loro borse. Betty aveva speso tutto quello che aveva con sé per i biglietti dell'autobus e ora la loro grande avventura stava per finire prima ancora di cominciare. Sylvia era imperturbabile, ma Jenny non ci mise molto a lamentarsi di aver saltato la colazione. Gli occhi di Betty si erano illuminati di un'errata idea romantica di prendersi cura delle sue bambine ora che erano sole al mondo, e pochi minuti dopo le ragazze stavano aspettando fuori da un minimarket mentre la madre entrava per rubare loro qualcosa da mangiare. Sylvia stava praticamente vibrando di tensione, anche prima che l'auto della polizia si fermasse davanti all'edificio. Quando Betty fu condotta fuori in manette, Sylvia dovette trascinare via Jenny per evitare che le tradisse e le trascinasse tutte in prigione. Le ragazze avevano passato il resto della giornata a vagare per la città senza meta, finché Darlene non le aveva trovate e portate a casa.

Paula era piuttosto presa da tutta la drammaticità della storia e, anche se ormai aveva capito che Jenny era una persona noiosa come poche, Sylvia sembrava poter essere un'amica. È con questa amicizia in mente che si diresse nel corridoio verso la stanza di sua madre, dove giaceva come un cadavere, immobile nel suo letto, e chiese se le due ragazze potessero fermarsi per la notte, parafrasando la storia della loro fuga da un marito violento nella speranza di suscitare un po' di empatia nella donna dagli occhi morti. Gert si avvicinò alle ragazze con un sorriso stampato sul viso che fece rabbrividire Jenny. "Voi, ragazze, siete le benvenute se volete passare la notte qui. Certo che sì. Non preoccupatevi, ci prenderemo cura di voi e domattina scopriremo dove si è cacciata vostra madre. Non preoccupatevi di nulla".

C'era così tanto calore in quelle parole che persino Sylvia, perennemente scettica, non ne dubitò. Ringraziò abbondantemente la signora Wright, finché la donna non la fermò con una risatina. "Chiamami pure mamma, mia cara, lo fanno tutti. Tutti i bambini e le bambine che entrano da quella porta".

Quella notte le Likens dormirono nel letto di Paula dopo che Darlene era tornata a casa e, dopo l'estenuante prova del giorno precedente, dormirono fino a quasi l'ora di pranzo, quando un martellamento alla porta svegliò tutti i presenti. Gert si infilò nella sua camicia da notte e aprì la porta con un colpo secco, aspettandosi di trovarsi di fronte a un venditore porta a porta. Invece, si trovò faccia a faccia con Lester Likens e, subito dopo, con Darlene McGuire.

Darlene aveva incontrato Lester mentre vagava per le strade alla ricerca delle sue figlie. Era stato chiamato quando la moglie era stata messa nel carcere della contea e si era parlato di cauzione. Tutte le pratiche erano già in corso e Betty sarebbe stata rilasciata entro la fine della giornata. La breve separazione e l'angoscia che entrambi avevano provato erano state sufficienti a spingerli a riconciliarsi e, attraverso il vetro della sala visite del carcere, i due avevano rinnovato le loro promesse d'amore e di fedeltà l'uno all'altra e avevano iniziato a fare progetti per il futuro. Piani che, ancora una volta, avevano messo al centro le loro idee romantiche e lasciato le loro figlie alla periferia.

Lester fece a Gert un sorriso a denti stretti e cominciò a spiegare. Aveva degli amici che lavoravano nel circuito dei luna park itineranti e guadagnavano molto bene, e sia a Betty che a Lester era stato offerto un posto in uno di quelli che stavano per partire verso sud. Purtroppo, nel luna park non c'era posto per i bambini. Le ragazze si erano precipitate a salutare il padre una volta saputo del suo arrivo ed erano state sollevate nel sentire che i suoi problemi con Betty erano, almeno temporaneamente, finiti. Tuttavia, furono un po' colte di sorpresa dal suo piano di abbandonarle. Egli passò immediatamente alla voce affannosa che usava di solito quando aveva fatto arrabbiare la loro madre. Parlava di quale grande opportunità fosse per loro. Di come avrebbe permesso loro di risparmiare per un futuro migliore per le ragazze. Non erano convinti, ma non erano loro che Lester voleva convincere con le sue suppliche. Alla fine si rivolse a Gert e le chiese apertamente se avrebbe tenuto le ragazze per lui. Dando loro vitto e alloggio in cambio di venti dollari alla settimana. Venti dollari a settimana avrebbero mantenuto Gert in sigarette per il resto della sua vita, e il denaro regolare e garantito era una rarità in casa sua. Le bastò poco per convincerla ad accettare le ragazze. Con il numero di bambini che aveva già in casa, scherzava sul fatto che probabilmente non si sarebbe nemmeno accorta di un paio di bambini in più.

Dopo aver concordato tutto sulla soglia di casa, Lester strinse la mano a Gert e andò a prendere accordi per il passaggio del resto degli effetti personali delle ragazze. Non entrò mai in casa per vedere l'orribile stato di degrado in cui versava la casa. Né si guardò intorno abbastanza a lungo da rendersi conto che c'erano la metà dei letti rispetto alle persone che vi abitavano. Era solo felice di poter correre ancora una volta verso il tramonto con la sua adorata moglie. All'interno della casa, Paula si mostrò felice che le nuove ragazze si trasferissero, dicendo a Sylvia che ora sarebbero state come sorelle, ma già si sentiva a disagio ad avere queste estranee che vivevano con lei. In circostanze normali, probabilmente avrebbe abbracciato sinceramente queste due anime perdute, ma le circostanze erano tutt'altro che normali e lei aveva un enorme segreto che stava cercando di tenere nascosto. Un segreto che sarebbe stato quasi impossibile nascondere a una coppia di ragazze della sua età che avrebbero condiviso il suo spazio vitale.

Il mancato pagamento

Durante la prima settimana della loro nuova e strana casa, le ragazze Likens rimasero sconcertate dalla stranezza della "mamma" e dell'affollata famiglia di bambini del quartiere. In un certo senso, sembrava quasi un'utopia adolescenziale, senza regole se non quelle che loro stesse avevano scelto di rispettare. Purtroppo, come molti periodi di anarchia nel corso della storia, questo portò ad una orribile gerarchia di darwinismo sociale in cui il forte predava il debole. I ragazzi Baniszewski detenevano tutti una certa misura di potere nel circolo in virtù del fatto che era la loro casa, con le ragazze più grandi Paula e Stephanie che facevano la parte del leone. Qualunque ragazzo sembrasse avere la loro predilezione in un dato momento guadagnava anche una misura di rispetto e di potere, con gli sporadici fidanzati di Stephanie che passavano in testa al gruppo. Gert supervisionava tutte le lotte interne con occhio imparziale, intervenendo solo se sembrava che la situazione potesse volgere a sfavore dei suoi figli, e anche in quel caso, solo quando sentiva che le cose stavano sfuggendo di mano. Anche in questo caos, c'erano alcuni rituali che lei obbligava la famiglia a osservare. Frequentavano la Chiesa tutte le domeniche e, se durante la settimana si svolgevano altri eventi li, lei lavava tutti i bambini e ce li mandava. Era consapevole di quanto fosse labile la sua presa sul senso di rispettabilità e da tempo aveva scoperto che farsi garantire dalla Chiesa era un buon modo per evitare di dover apportare dei miglioramenti a livello personale.

Le ragazze Likens non saltavano un giorno di scuola, ancora una volta imposte da Gert con la stessa furia silenziosa che usava per far frequentare la chiesa a tutti. Anche quando Jenny soffriva a causa delle sue gambe, continuava a frequentare regolarmente la scuola. L'assenteismo era un altro segno di scorrettezza che Gert non avrebbe tollerato. Cercava disperatamente di tenere nascosta la sua situazione personale, anche se molte persone ne erano già venute a conoscenza attraverso i pettegolezzi del vicinato. Le ragazze Likens sembravano andare d'accordo a scuola, ottenendo buoni risultati accademici e facendosi facilmente degli amici. Il clan Baniszewski aveva una notevole influenza all'interno della scuola, e il fatto che Paula fosse disposta a garantire per le nuove ragazze contribuiva a stabilire la loro credibilità sociale. Dopo una piacevole giornata di scuola, le ragazze Likens tornarono a casa e trovarono la casa bizzarramente tranquilla. Tutti i soliti frequentatori del doposcuola erano assenti e solo i ragazzi Baniszewski si attardavano ancora nei paraggi. Pensando di essere incappate in qualche nuovo rituale familiare di cui non sapevano nulla, cercarono di non farsi notare fino a quando non poterono chiedere a Paula cosa stesse succedendo. Nella stanza che le quattro ragazze condividevano, Paula le stava aspettando, ma anche Gert. Senza una parola, le due donne afferrarono Sylvia e la costrinsero a faccia in giù sul pallet di vestiti sporchi che era stata costretta a usare come letto. Gert sbraitava e urlava. "Mi sono presa cura di voi due puttanelle per niente! Sdraiatevi lì! Sdraiatevi".

Si arrampicò su Sylvia e le tirò giù la gonna e la biancheria intima mentre Paula ridacchiava, poi prese un bastone da cucina e cominciò a picchiare il sedere nudo di Sylvia, mentre la ragazza urlava tutto il tempo. Jenny rimase impietrita dal terrore, intrappolata in un momento di indecisione tra la fuga per salvarsi la vita e il tentativo di aiutare la sorella. Non ebbe la possibilità di scegliere. Paula la afferrò e la gettò sul letto improvvisato accanto a Sylvia, lottando per abbassare la sua biancheria intima e la sua gonna, che rimase irrimediabilmente impigliata nelle fasce per le gambe di Jenny. Gert fece piovere colpi anche sul sedere di Jenny, poi iniziò a picchiare lungo le cosce già doloranti della ragazza, suscitando gemiti di dolore da parte di quest'ultima.

"Quel bugiardo buono a nulla di vostro padre mi aveva promesso che avrebbe pagato la sua parte. È passata una settimana e non ho visto un dannato centesimo da lui. Vi ho dato da mangiare, vi ho lavato, vi ho messo un tetto sulla testa e vi ho cresciute bene, e quel bastardo non mi ha mandato nemmeno un misero dollaro. Venti dollari a settimana. È quello che avevamo concordato. Venti dollari. Una miseria. Per tenere le sue care figlie al sicuro e in salute. Be', voi non starete nè bene nè al sicuro se non avrò i miei venti dollari! Mi avete sentito, stronze? Se non paga, venite picchiate!".

I colpi continuarono a piovere sulle ragazze e sembrava che più gridavano, più Gert si eccitava. Con un colpo di rovescio, mandò in frantumi uno specchio e, quando Paula fece un passo avanti con un grido di sgomento, si beccò il bastone sulle nocche. "Mamma!"

Gert rallentò e si fermò, facendo scorrere la punta del bastone sulla curva del sedere rosso e crudo di Sylvia con visibile piacere. Il respiro di Gert era affannoso come i singhiozzi che ancora sfuggivano a Sylvia. Si chinò vicino e sibilò all'orecchio dell'adolescente. "Se tuo padre non avrà pagato quello che deve entro domani, le prendi di nuovo. Se non avrà pagato entro la fine della settimana, vi affitterò a un dollaro a giro finché non avrò avuto i miei soldi. Mi avete sentito, puttane?".

Sylvia emise un gemito: "Sì!" e questo sembrò essere sufficiente a soddisfare Gert. Uscì dalla stanza con un ghigno ancora stampato in faccia. Paula se ne andò un attimo dopo, spingendo la folla dei fratelli minori che si erano radunati sulla porta per vedere per la prima volta l'aspetto di una ragazza senza vestiti.

L'umiliazione fece male alle ragazze quasi quanto le botte che avevano appena ricevuto. Il giorno dopo, Sylvia dovette aiutare Jenny a zoppicare fino a scuola, mentre ogni passo faceva scendere una lacrima dai loro occhi. Paula le precedeva con un sorriso di superiorità ancora stampato in faccia.L'assegno di Lester arrivò quella stessa mattina, accidentalmente ritardato dal servizio postale mentre attraversava i confini dello Stato.

In casa non c'era mai molto da mangiare. Gert teneva le dispense vuote, mandando una delle bambine più grandi a prendere qualcosa di semplice quando lei stessa aveva abbastanza fame, il che accadeva raramente. Non ci volle molto prima che le ragazze Likens si dedicassero al saccheggio per integrare i pasti occasionali che ricevevano. Avevano scoperto che potevano scambiare le bottiglie di Cola scartate con un credito al negozio locale, così un giorno, dopo la scuola, uscirono a cercare e, dopo aver setacciato le strade vicine, avevano raccolto abbastanza per comprarsi delle caramelle. Ne mangiarono una buona parte mentre tornavano a casa, ma Sylvia insistette perché ne conservassero un po' per i bambini Baniszewski, per i quali provava ancora molta simpatia, nonostante il modo in cui avevano goduto della sua umiliazione.

Gert le sorprese mentre distribuivano i dolci e subito un'altra ondata di furia la travolse. Accusò le ragazze di aver rubato le caramelle e, quando Sylvia cercò di spiegare come avevano fatto a guadagnare i soldi per comprarle, fu trascinata in camera da letto e gettata a terra per essere picchiata di nuovo. Questa volta Jenny ebbe il buon senso di rimanere in silenzio e fuori dai piedi, ma sia Paula che Stephanie entrarono per assistere allo spettacolo mentre la biancheria intima di Sylvia veniva di nuovo tirata via e lei veniva picchiata con un cucchiaio di legno mentre Gert intonava: "Ladra! Bugiarda! Ladra! Bugiarda!" in continuazione. Immobilizzò Jenny con uno sguardo deciso. "Hai intenzione di mentire anche a me, piccola ladra? Sono qui, faccio tutto per te ed è così che mi ripaghi? Allora, piccola bugiarda? Dove sono le tue bugie? Qual è la tua storia? Forza, ladruncola, raccontaci la tua storia!".

Ad ogni sfogo, scatenava un altro colpo bruciante sul retro delle cosce di Sylvia. Ogni richiesta ghignante era scandita da un altro urlo. "Rispondimi, piccola puttana bugiarda! Dimmi la verità!".

Jenny riusciva a malapena a parlare tra i singhiozzi, almeno fino a quando Paula non le afferrò la coda di cavallo e le tirò indietro la testa. "È... è come hai detto tu. Abbiamo rubato le caramelle. Le abbiamo rubate. Ti prego... ti prego, smettila".

Gert colpì il cucchiaio nella schiena di Sylvia con uno strillo di vittoria. "Lo sapevo! Sapevo che eri una piccola e cattiva bugiarda".

Afferrò la nuca di Sylvia e le trascinò il viso verso l'alto, in modo da poter vedere le lacrime che scendevano sul viso della bambina e il terrore nei suoi occhi. "Se mi mentirai ancora, sarà l'ultima volta. Hai capito, lurida puttanella? Mi hai sentito?!

Sylvia sibilò a denti stretti: "Sì".

All'improvviso, così come era iniziata la follia, tutto finì. Gert uscì di corsa dalla stanza con Paula alle calcagna, scuotendo la testa per la finta vergogna. Jenny si precipitò al fianco della sorella e la cullò mentre Sylvia singhiozzava pietosamente. Solo la sorella la sentì sussurrare. "Volevo solo fare qualcosa di carino".

L' hotdog

Da quel momento in poi, Sylvia e Jenny si comportarono al meglio. Ciò significava che cercavano di passare in secondo piano e di passare completamente inosservate. Tutti gli amici di Sylvia a scuola la guardavano mentre si allontanava da loro e diventava silenziosa. I ragazzi del quartiere, che all'inizio si erano interessati a lei, ora la giudicavano noiosa come la sorella e si mettevano in disparte. Le ragazze evitavano Gert il più possibile, rendendosi conto che l'unico modo per essere al sicuro dalle sue bizzarre accuse era quello di non farsi vedere. Ma anche questo si rivelò insufficiente a proteggerle dalla follia sempre più intensa di Gert.

Una sera, dopo la scuola, la Chiesa organizzò una lotteria a cui i figli di Baniszewski furono mandati a partecipare mentre la madre era a letto, per mantenere la sua presenza nella comunità senza che dovesse fisicamente spostarsi. Fu un evento noioso come al solito, ma le sorelle Likens ne furono segretamente entusiaste. Il reverendo Julian era un uomo mite, molto diverso dai predicatori di fuoco e fiamme che avevano incontrato sulla strada con i loro genitori, ma sembrava avere sinceramente a cuore il benessere di tutti i suoi parrocchiani, il che significava che si poteva contare su di lui per avere un po' di cibo come carità ogni volta che le vedeva. Aveva osservato la loro perdita di peso nel corso degli ultimi mesi ed era stato informato attraverso voci di corridoio che, anche se i soldi erano pochi in casa Baniszewski, la gentile Gertrude aveva invitato questi orfani a vivere con loro. Offrire loro una piccola parte del pasto a buffet che aveva preparato con le donazioni di cibo era il minimo che potesse fare.

Erano tre giorni che le ragazze Likens non mangiavano, ed erano tremolanti e debilitate. Sylvia dovette impedire alla sorella di ingozzarsi in diverse occasioni. Dolorosamente consapevole degli sguardi di commiserazione che gli altri partecipanti le rivolgevano, e decisa a non attirare l'attenzione, si limitò a mangiare dei panini distribuiti nel corso dell'evento di modesta qualità. Quello, e una piccola fetta di torta al cioccolato che il reverendo Julian le fece scivolare in mano al momento di salutarla. Durante il tragitto verso casa si aggrappò al braccio della sorella, aiutandola a sorreggerla quando la solita debolezza delle gambe si sommò alla malnutrizione e la fece crollare.

Una volta tornate a casa, Sylvia rimboccò le coperte a Jenny e cercò di tranquillizzarla prima che il solito baccano dal salotto diventasse così forte da svegliarla. Gert non sembrava opporsi al fatto che le ragazze dormissero. Tutto ciò che le teneva lontane dalla vista sembrava piacere alla vecchia. Sylvia guardò a lungo il proprio "letto". Se fosse rimasta qui, non ci sarebbero stati commenti taglienti e non ci sarebbe stata la possibilità che la "mamma" la punisse per qualche nuovo immaginario affronto. Ma la musica e le risate del salotto sembravano un po' troppo allettanti. Sylvia decise che si meritava alcune cose belle nella sua vita, anche se poteva averle solo da lontano.

Quando uscì nel corridoio, il salotto cadde nel silenzio. Con un timore sordo, attraversò la stanza e vide Gert seduta in mezzo ai bambini, che teneva banco. "Ed ecco che arriva il porcellino".

Non c'erano molti bambini del vicinato a oziare stasera. La festa della Chiesa non era stata abbastanza divertente per la maggior parte di loro, e con la casa dei Baniszewski vuota, tranne che per Gert, si sentivano un po' a disagio. Ad ogni modo, i figli di Gert erano sufficienti a riempire la piccola stanza, naturalmente. I piccoli cominciarono a fare dei rumori ammiccanti, finché Gert non li mise a tacere con uno sguardo. "Ho sentito che sei in giro a gettare di nuovo vergogna su di me".

Sylvia si chiese se poteva tornare di corsa nella sua stanza, ma non sarebbe servito: non c'erano porte. La folla avrebbe potuto entrare e trascinarla fuori per processarla. "Non so cosa vuoi dire... mamma".

Non riusciva spesso a usare il titolo che Gert aveva scelto per sé, ma sembrava sempre che la matriarca di quel misero clan fosse felice quando lo faceva.

Sylvia capì dagli sguardi predatori che riceveva da Paula e Stephanie che aveva bisogno di tutto l'aiuto possibile in questo momento. Il volto di Gert era immobile e duro come la pietra. "Perché sei così disgustosa?".

I piccoli cominciarono a ridacchiare. Sylvia non aveva idea di cosa rispondere, così abbassò lo sguardo sulle punte macchiate delle sue scarpe.

"Pensavi che nessuno si sarebbe accorto che ti stavi ingozzando, maiale? Pensavi che i miei bellissimi bambini non avessero occhi? Pensavi che tutto il vicinato non parlasse di come hai preso tutto il cibo che era destinato a tutti e te lo sei infilato nella tua lurida gola? Sai cosa sussurrano adesso? Sussurrano che la vecchia Gert non si prende cura di quei bambini. Che vi faccio morire di fame. Perché vuoi farmi vergognare così tanto? Perché lo fai? Sei stata allevata da animali? Sei cresciuta in un porcile, allattata da una scrofa?".

Sylvia sentiva già le lacrime che le pungevano gli occhi. Lo stomaco le doleva per la fame, anche dopo l'extra che il reverendo le aveva dato. Ora aveva sempre fame. La fame e la paura si alternavano per farle venire il mal di stomaco, ma il dolore era costante. Le faceva fare cose stupide, come rispondere. "Io non... non lo farei mai".

Gert sobbalzò sulla sedia. "Quindi i miei bambini sono tutti bugiardi, adesso? E anche tutte le brave persone della chiesa, le chiami tutte bugiarde? Quando il reverendo viene a bussare alla mia porta e si lamenta del peccato di gola e di quanto tu sia vile e depravata, spalando nella tua bocca gli avanzi che la chiesa gli fornisce per mangiare, dovrei credere a te? Dovrei credere a una lurida bugiarda come te piuttosto che a un sacerdote? Alla parola di Dio stesso, dovremmo ascoltare il vangelo di Sylvia Likens, la piccola e sporca bugiarda?".

"Non ho detto..."

"Non hai avuto il tempo di dire un bel niente mentre ti ingozzavi. Mi fai schifo. Hai fame Sylvie? Hai così tanta fame da doverti vergognare? Far vergognare tutti noi?".

Le lacrime che aveva trattenuto cominciarono a scendere sulle guance di Sylvia, ma questo sembrò eccitare ancora di più la "mamma". Si era sporta in avanti sulla sedia e aveva emesso un terribile suono gracchiante, a metà tra un rantolo e una risata. Lo stomaco traditore di Sylvia scelse quel momento per emettere un tremendo brontolio e Gert si dondolò sulla sedia. "Be', non sarà una cena raffinata come quella a cui sei abituata, ma avevo intenzione di cucinarti qualcosa stasera. Hai ancora spazio o ti sei riempita troppo?".

Sylvia scosse di nuovo la testa. Non era più sicura a cosa stesse rispondendo, voleva solo negare che l'intera situazione stesse accadendo.

Quando alzò lo sguardo, Gert era già scesa dalla sedia e si stava muovendo. Afferrò Sylvia per i capelli e la trascinò piangendo lungo il corridoio fino alla cucina sudicia. La gettò sull'unica sedia che aveva ancora tutte le gambe e andò agli armadietti. Gert tirò fuori da una credenza un panino stantio, da un'altra un barattolo di hot dog e da un cassetto un coltello dall'affilatura irregolare. Non distolse lo sguardo da Sylvia nemmeno per un istante mentre segava il panino, ci infilava dentro la salsiccia fredda e gocciolante e si avvicinava. "Non vogliamo mica che tu muoia di fame, vero? Non vorremmo che tutto il vicinato venisse a sapere che la povera Sylvie è affamata.

Non ha mai lavorato un giorno in vita sua. Sprecando i migliori anni della sua vita a ciondolare in casa di una povera vecchia e approfittando della sua gentilezza in ogni modo".

"Mi dispiace."

"Cosa? Hai fame? Be', non preoccuparti, cara, ho qualcosa per te proprio qui. Oh, aspetta. Aspetta. Non posso darti una cosa così semplice come questa. Non è abbastanza per la signorina Sylvie. Deve essere raffinato! Facciamolo diventare sfizioso!".

Gert aprì gli armadietti spogli e scavò in giro finché non trovò senape e ketchup, poi ne svuotò quasi l'intera bottiglia sul panino che aveva in mano, finché non colò oltre la cima e non finì sul pavimento. "Questo è più che sufficiente. Un pasto adatto a una piccola principessa sofisticata. La povera Sylvia affamata. Avanti, mangia".

"Non voglio... non posso...".

Gert glielo infilò nelle labbra semichiuse e urlò. "Mangia, piccola puttana! L'ho fatto per te. Sei così affamata che devi farci vergognare tutti. Ora mangialo".

Sylvia soffocò lo schizzo di senape che era riuscito a superare le labbra chiuse e cominciò a tossire. Gert colse l'occasione. Spinse l'intero hotdog e il panino nella bocca della ragazza, urlando: "Mangialo, puttana. Mangia fino all'ultimo boccone!".

Sylvia cercava di allontanarsi, ma Gert si spinse in avanti finché la sedia non toccò il muro e continuò a infilare e sfilare l'hotdog dalla bocca dell'adolescente, con gli occhi accesi di una passione oscura che Sylvia non riusciva nemmeno a capire. L'hotdog le arrivò in fondo alla gola ed ebbe un conato di vomito, dando a Gert un'altra possibilità di infilarglielo in bocca. Per tutto il tempo, la donna si mise a sproloquiare e a farneticare. "Perché l'hai fatto, Sylvie? Perché stai rovinando quel corpicino snello?

"Nessun uomo ti vorrà se sei grassa. Nessuno ti vorrà mai se sei grassa. Finirai per rimanere sola. Finirai da sola in una casa piena di piccoli bastardi ingrati che ti faranno vergognare ogni volta che ne avranno l'occasione. Sarai orrenda e gonfia. Sarai così grassa che la gente riderà di te quando ti vedrà camminare a tentoni per la strada. È questo che vuoi, piccola puttana rognosa? Vuoi rovinare il tuo corpicino perfetto riempiendoti la pancia?".

Sylvia non ebbe modo di rispondere. Tutto ciò che poté fare fu cercare di masticare la poltiglia di pane e condimenti che aveva in bocca e cercare di non soffocare con i grumi gommosi dell'hotdog freddo, prima che Gert le riaprisse le mascelle per infilarci dentro dell'altro. Era riuscita a mangiare metà dell'hotdog prima che la nausea la sopraffacesse. Il ketchup viscido le colava sul viso, il sapore pungente della senape le bruciava la gola. Gli occhi le rigavano di lacrime.

Quello che era iniziato come un crollo emotivo si era protratto a causa dell'acre odore di aceto della senape e dei continui conati di vomito. Quando le sporche dita di Gert le entrarono in bocca per cercare di farle mandare giù l'ultimo boccone, fu troppo. Sylvia soffocò e poi vomitò l'intruglio nocivo che le era stato appena somministrato a forza. Gert si tolse di mezzo e rimase a guardare con evidente disgusto l'hotdog e tutto ciò che Sylvia era riuscita a mangiare quella sera, spruzzato sul pavimento della cucina.

Quando finalmente la ragazza smise di vomitare, Gert le diede una leggera pacca sulla schiena e le mise in mano la metà superstite dell'hotdog. "Mangia il resto, poi hai finito".

Sylvia la guardò con le lacrime che ancora le rigavano il viso, ma il barlume di empatia che sperava di trovare negli occhi infossati di Gert non c'era. Con le mani tremanti, sollevò l'hotdog alla bocca e diede un morso incerto. Quasi subito il disgustoso miscuglio di sapori - bile, senape e ketchup dolciastro - la fece vomitare di nuovo. Fece scendere il primo boccone in gola, respirando pesantemente dal naso e cercando di mantenere la calma. Poi si chinò in avanti e diede un altro morso a quel pasticcio disgustoso, trangugiandolo nonostante tutto il suo corpo cercasse di farlo uscire.

Poteva farcela. Poteva finirlo. Era forte. Questo era ciò che continuava a sussurrare a se stessa, nella sua mente. Gert la guardava con una libidine a malapena dissimulata sul volto, osservando con temibile attenzione ogni grumo che scivolava lungo l'esile collo di Sylvia. Il suo fascino si trasformò in frustrazione quando Sylvia masticò tutto il macabro pasto. La ragazza la fissò mentre ingoiava l'ultimo boccone, raggiante e vittoriosa. "L'ho finito!

La bocca di Gert si contorse in un sorriso consolatorio, ma lei scosse la testa. "Sei stata bravissima, tesoro, ma non hai ancora finito. Ti ho detto di mangiare il resto".

Con un gesto ampio indicò gli schizzi di vomito sul pavimento. Fra l'odore acre del cibo parzialmente digerito, era quasi troppo facile distinguere i grumi rosa di hot dog sparsi sul pavimento. Anche senza il vomito, il pavimento era così sporco che il solo pensiero di mangiarci sopra era ignobile. La mente di Sylvia si ribellava all'idea di ciò che Gert le stava chiedendo di fare. Si sedette sulla sedia, fissando il vomito e facendo del suo meglio per non scoppiare a ridere istericamente.

Doveva essere uno scherzo. Nessuno poteva davvero aspettarsi che mangiasse quella roba. Gert la fece cadere dalla sedia sulle mani e sulle ginocchia. "Mangialo, piccola puttana. Mangialo".

Mise un piede sulla schiena di Sylvia, tra le scapole, e la costrinse a sprofondare il viso nella melma gialla e contaminata. "Mangialo!

Sylvia chiuse gli occhi e aprì la bocca. Non stava succedendo. Non poteva essere così. Sentì qualcosa sfiorarle le labbra e le ci volle tutta la forza per non vomitare di nuovo. Se avesse vomitato di nuovo, avrebbe dovuto mangiare di più.

Avrebbe dovuto ripetere tutto questo ogni volta che vomitava. Non poteva più farlo. Tenne gli occhi chiusi e leccò i liquidi dal sapore sgradevole come se fosse un cane. C'era così tanta senape che non riusciva quasi a sentire il sapore di nient'altro. Tutto ciò che dovette sopportare fu la consistenza e la viscidezza. Dall'ingresso si udì un latrato di risate selvagge, ma Sylvia tenne gli occhi chiusi. Naturalmente i ragazzi Baniszewski la stavano guardando soffrire. Certo, stavano ridendo. Non si sarebbe aspettata niente di meno da questo incubo vivente. Gert aveva le dita aggrovigliate nei capelli di Sylvia e la stava conducendo sul pavimento come un animale domestico. Le guidava la bocca verso ogni chiazza di vomito. Una litania costante le sibilava nell'orecchio. Gert era così vicina che Sylvia poteva sentire le sue labbra secche sulla nuca. "Mangia fino all'ultimo boccone. Ingrassa. Ingrassa così tanto che nessuno ti vorrà mai. Avanti, porcellino. Ingozzati. Eri così bella. Eri una ragazza così bella, ma hai dovuto rovinare tutto. Hai rovinato tutto e ora nessuno ti vuole. Rimarrai sola per sempre".

Sylvia tenne gli occhi ben chiusi e cercò di immaginare di essere altrove. Di fare qualsiasi altra cosa. Di assaggiare qualsiasi altra cosa al mondo. Qualsiasi cosa, tranne l'amarezza della bile e della senape. Anche quello non era nemmeno la cosa peggiore. Il peggio erano gli strani bocconi croccanti che le grattavano il palato. Quelle cose che non potevano essere cibo. Quelle cose che erano chiaramente schegge o sporcizia che si erano incrostate sul pavimento per mesi o anni. Ognuna di queste cose la fece rabbrividire e lottare per tenere a bada il contenuto del suo stomaco in subbuglio, ma non poteva farlo di nuovo, quindi si tenne tutto dentro. Senza preavviso, finì. Gert la tirò in piedi e le accarezzò i capelli. Con la manica spalmò via la senape e il ketchup dalla guancia della ragazza ed emise un sospiro mesto. "Ti punisco solo perché mi importa di te. Tu lo sai. Se tu facessi la brava, potremmo evitare tutte queste cattiverie. Ora hai imparato la lezione, vero? Non mi farai mai più vergognare in questo modo, vero? D'ora in poi sarai una brava ragazza e io non dovrò mai punirti. I tuoi genitori non si vergognerebbero tanto di te se sapessero quello che hai appena fatto? Se sapessero perché l'hai fatto? Ti odierebbero per questo, vero? Non sarebbero gentili con te come lo sono io, che cerco di darti una lezione per non rovinarti la vita".

Paralizzata dalla paura per il nuovo inferno che Gert avrebbe potuto infliggerle, Sylvia annuì assecondando la cascata di bugie che continuava a susseguirsi. Come un agnellino timido, lasciò che Gert la conducesse al lavandino della cucina e le lavasse il sudiciume dal viso. Come una persona spogliata di ogni dignità, lasciò che Gert la guidasse fino al mucchio di vestiti sporchi che ora era il suo letto e le accarezzasse dolcemente i capelli finché non si addormentò, con le lacrime che le scendevano sulle guance perché era l'unica cosa che assomigliava alla gentilezza che aveva sperimentato in tutto il tempo trascorso in casa Baniszewski.

Una settimana dopo - una volta che il peso della vergogna e del disprezzo di sé si era ben assestato - Sylvia incontrò i suoi genitori. Gert fece in modo che quando Lester e Betty venivano a trovarla non vedessero l'interno della sua casa. Non poteva tollerare visite da parte di adulti, soprattutto se questi ultimi potevano diffondere brutte voci in giro. Gli adolescenti e i bambini erano gestibili, lei aveva il controllo su di loro. Se volevano usare la sua casa come loro piccolo circolo, dovevano tenere chiuse le loro boccacce sullo stato della casa. Da quando Dennis Wright l'aveva abbandonata, Gert aveva perso ogni interesse per gli uomini, quindi non c'era il rischio che uno dei suoi accompagnatori si lasciasse sfuggire il suo segreto. Le poche donne del vicinato che erano solite venire a lasciare il bucato o un bambino a cui fare da babysitter, lo facevano portare dai loro vicini adolescenti quando andavano a trovarli. Non c'erano voci sgradevoli su Gert nel vicinato. La stessa compassione che l'aveva sempre perseguitata era ancora presente, ma i suoi strani rapporti con gli adolescenti non erano mai stati oggetto di esame. In fondo, la maggior parte dei genitori era semplicemente sollevata dal fatto di non avere un'orda di adolescenti puzzolenti ad occupare le loro case.

Invece di una visita a domicilio, la famiglia Baniszewski riempì mezzo autobus e andò a incontrare i Liken a Garfield Park. L'incontro iniziò male. Betty era scioccata dalla magrezza delle figlie, ma Gert aveva anticipato questa linea di domande e si lanciò in una storia già pronta, spiegando che le ragazze avevano deciso di mettersi a dieta per solidarietà con la figlia maggiore Paula, che negli ultimi tempi era ingrassata troppo. Mentre Gert mentiva ai Liken, un inganno meschino dopo l'altro - dipingendosi come una santa - guardava direttamente Sylvia negli occhi. Sfidava la ragazza a contraddirla. Dopo l'umiliazione con l'hotdog, dopo una settimana di continue prese in giro da parte dei bambini Baniszewski e dopo aver visto con quanta facilità i suoi genitori si beavano delle bugie di Gert, Sylvia si accorse che non ci riusciva. Non riusciva a trovare la forza di combattere ognuna di queste piccole battaglie. Non poteva sopportare che i suoi genitori scoprissero quello che aveva fatto, strisciando a quattro zampe.

Lester e Betty erano entusiasti delle storie che Gert raccontava loro sulle figlie, in particolare del buon lavoro che stavano svolgendo con le associazioni di beneficenza della Chiesa locale e del modo in cui raccoglievano bottiglie di cola dalla spazzatura del quartiere per fare donazioni. Ancora una volta Sylvia ricevette un'occhiata di rimprovero e annuì con aria triste, mostrando alla madre un sorriso nervoso quando gli occhi si rivolgevano verso di lei. Quando la conversazione si spostò sulla dieta speciale che Sylvia aveva seguito, avvicinandosi pericolosamente alla terribile verità dell'ultima settimana, le lacrime cominciarono a pungerle gli occhi e il suo viso si arrossò pericolosamente. Lester era per lo più incurante della vita emotiva delle figlie, ma Betty se ne accorse e si aggrappò alla mano della figlia. "Cosa c'è che non va, tesoro?"

Le lacrime di Sylvia minacciavano di uscire. Si era comportata così bene. Aveva mantenuto le apparenze proprio come voleva la "mamma" e ora la sua stupida faccia stava per svelare tutto. Per fortuna Gert non si lasciò turbare così facilmente. Si chinò per sussurrare a Betty.

"La nostra Sylvia si sente solo imbarazzata, perché il suo nuovo fisico slanciato le ha procurato molte attenzioni da parte dei gentiluomini".

Sylvia era assolutamente scandalizzata e il rossore che ne derivò fu abbastanza intenso da cancellare ogni preoccupazione dalla mente della madre. Rimase completamente in silenzio per il resto della visita dei genitori, temendo le storie che sarebbero state raccontate per coprire qualsiasi altro errore commesso. Jenny si era persa gli abusi peggiori ed era rimasta così mortificata per le sculacciate ricevute che non osava parlarne.

Alla fine della visita, Betty abbracciò le figlie mentre Lester le consegnò una busta di denaro come anticipo per il resto del mese. A quanto pare, il circuito del carnevale pagava bene e manteneva i due abbastanza stimolati da renderli di nuovo felici insieme. Sylvia aveva le lacrime agli occhi quando la madre se ne andò, ma anche in quel caso Gert si intromise per avvolgerle un braccio intorno alle spalle e raccontare di quanto fosse brava la figlia a sentire così tanto la loro mancanza, e di quanto Sylvia fosse felice quando arrivavano le loro lettere. Nessuna delle due ragazze aveva mai visto queste lettere, ma nessuna delle due aveva il coraggio di chiedere.

Durante il viaggio di ritorno in autobus, Sylvia era seduta accanto alla "mamma". Gert la strinse a sé e le accarezzò i capelli. Le sussurrò dolcemente all'orecchio che era stata una brava ragazza. La accarezzò come se fosse un cane che si era comportato bene in compagnia. "Sapevo che saresti diventata una brava ragazza con la giusta disciplina. Sono stata così orgogliosa di te oggi. Hai fatto un ottimo lavoro. Adesso io e te saremo grandi amiche, vedrai. Una piccola e graziosa creatura come te mi ricorda me a quell'età. Anch'io avevo tutti i ragazzi che mi correvano dietro. Ma non preoccuparti. Non lascerò che ti prendano. Non permetterò che ti rovinino. Non una brava ragazza come te".

Essere diventata complice di Gert avrebbe dovuto far rivoltare lo stomaco a Sylvia, ma non fu la parte più sconvolgente della giornata. La cosa peggiore era che si era abbandonata a quel gesto e si era costretta a credere alle bugie che le venivano raccontate, perché l'alternativa era troppo orribile da contemplare.

Indegna di sedersi

Le settimane successive sembrarono offrire un'illusione di tregua alle sorelle Likens. Gert non si era trasformata improvvisamente nella loro alleata, ma l'ostilità aperta che aveva mostrato nei loro confronti sembrava essersi placata. Forse, aveva trovato rassicurante il fatto che le ragazze fossero disposte a sostenere le menzogne su cui basava la sua vita. Con questa nuova accettazione, i rapporti delle Likens migliorarono anche con le figlie maggiori di Gert, Paula e Stephanie. Queste ultime, abituate a interpretare gli stati d'animo mutevoli della madre, si sentirono più libere di avvicinarsi a Sylvia e Jenny, iniziando a chiamarle scherzosamente "sorelle adottive" invece che "orfane senza casa." Jenny accolse con sollievo l'apertura delle ragazze Baniszewski e, anche se rimase ai margini, si ritrovò inclusa nelle attività quotidiane del vivace gruppo di adolescenti che gravitava attorno alla casa. Sylvia, tuttavia, era meno incline a fidarsi. Gli abusi passati l'avevano resa diffidente e cauta, temendo che qualsiasi parola pronunciata potesse essere distorta contro di lei. Nonostante ciò, anche lei alla fine si lasciò attrarre dall'illusione di normalità e divenne un membro attivo del chiassoso gruppo che si radunava regolarmente nel salotto.

Sempre più spesso le ragazze più grandi condividevano dettagli delle loro vite sentimentali. Stephanie, entusiasta e sognante, non nascondeva il suo interesse per Coy Hubbard, il suo nuovo fidanzato quindicenne, che era un assiduo frequentatore della casa e che lei trovava irresistibile. Paula era un po' più cauta, parlava solo al passato delle sue relazioni ed evitava accuratamente di menzionare le scappatelle sessuali che avevano portato sua madre sull'orlo della follia. La sua gravidanza rimase un segreto per le ragazze Likens e per tutto il vicinato, ma i giovani Baniszewski erano ben consapevoli della sua delicata condizione e facevano da intermediari sia con i ragazzi che cercano di avvicinarla, sia con la loro madre, che era particolarmente sensibile all'argomento e preferiva la negazione assoluta piuttosto che 'affrontare la realtà di avere un'adolescente incinta in casa.

Jenny aveva ammesso fin dall'inizio di non avere quasi nessuna esperienza con i ragazzi a causa dei problemi che aveva alle gambe. Dopo quella confessione, molti dei ragazzi presenti si erano dichiarati interessati a lei, ma un ringhio di Gert che dormicchiava nelle vicinanze, li fece cambiare idea. Sotto pressione, Jenny disse di aver baciato un ragazzo una volta, prima che si trasferissero a Indianapolis, ma di cui non ricordava nemmeno più il nome. Nella stanza si levarono grida e applausi e Sylvia si ritrovò suo malgrado a partecipare. Era bello avere un po' di normalità dopo la follia dell'ultimo mese. Il solo fatto di avere persone che poteva chiamare amiche e un luogo dove poter parlare di nuovo la faceva sentire libera. Sembrava di essere di nuovo un'adolescente. Sylvia si ritrovò, contro ogni logica, ad apprezzare Gert per aver restituito un senso di libertà a lei e agli altri bambini, come se quella donna amara e contorta non fosse la causa primaria delle loro sofferenze.

Sylvia si unì timidamente alla conversazione, con grande apprezzamento da parte dei ragazzi. Molti di loro si erano dimostrati estremamente interessati a Sylvia quando era entrata per la prima volta nella loro cerchia sociale, dato che metteva in ombra le Baniszewski dal volto semplice, e non aveva la lingua tagliente e il potenziale di emarginazione; un rischio noto per chi usciva con loro. Con non poche risatine da parte di tutti, Sylvia raccontò di aver fatto coppia fissa con un ragazzo prima che si trasferissero a Indianapolis. Quando le fu chiesto, ammise che si erano baciati abbastanza spesso, provocando un'altra serie di applausi e di acclamazioni. Con un sorriso smagliante sulle labbra e un rossore sulle guance, si era chinata in avanti e aveva sussurrato dal palco: "Una volta gli ho anche permesso di palparmi con il maglione addosso".

I ragazzi del pubblico applaudirono con entusiasmo e Paula annuì con approvazione, cercando di non rendere troppo evidente il sorriso sul suo volto. Sylvia non si era mai sentita così accettata da quando aveva messo piede nella casa dei Wright. Rivolse il suo timido sorriso a Gert, aspettandosi che l'anziana donna sorridesse insieme a tutti gli altri, ma il volto dell'anziana donna era contorto in un raptus di furia e i suoi occhi erano vitrei.

Gert si alzò dalla poltrona e puntò un dito accusatorio verso il viso di Sylvia. Mentre si alzava, emise un lamento straziante. "Puttana!"

Diede uno schiaffo a Sylvia e si lanciò in una delle sue sfuriate, con gli occhi accecati e lo sputo che le usciva dalle labbra. "E pensare che ho permesso a una carogna come te di entrare in casa mia. Non c'è niente al mondo più detestabile di una puttana. È quello che dice la Bibbia. Sei più infima del più infimo verme. Fornicate e spargete la vostra melma dappertutto. Per tutta la mia bella casa. Hai rovinato tutto. La tua vita è rovinata. Tutti sanno che ora sei una puttana. Una sporca, sporca prostituta. Con quanti uomini sei andata a letto, puttana? Quanti?"

In preda al panico, Sylvia dimenticò le lezioni che il periodo trascorso in casa Baniszewski le aveva insegnato. Aveva dimenticato di rimanere in silenzio e di subire gli abusi. Aveva dimenticato di lasciarsi scivolare tutto addosso. "Cosa? Non ho mai...".

Gert la spinse così all'improvviso che non ebbe la possibilità di mettersi in salvo. La sedia si rovesciò all'indietro. Prima di toccare il pavimento, la sua testa sbatté contro l'intonaco del muro, ricoprendola di polvere bianca. Gert le strappò la sedia da sotto i piedi e si avvicinò, continuando a urlare a squarciagola. "Ora lo sanno tutti! Sei una prostituta! Una lurida puttana. Tutti sanno che ti sei fatta toccare da un ragazzo. Perché non mi hai ascoltato? Stavo cercando di salvarti. Ora non sarai altro che una puttana per il resto dei tuoi giorni. Ti sei macchiata. Sei impura. Non c'è niente di più meschino di una lurida puttana. Venite, bambini. Guardatela. Guardate la puttana in mezzo a voi".

I bambini del quartiere si erano impietriti quando Gert si era alzata, ma ora si guardavano nervosamente l'un l'altro e cominciavano a ridacchiare. La partecipazione li rendeva nervosi, ma in fin dei conti sapevano che era come un giro sulle montagne russe: avrebbero provato tutti i brividi del pericolo reale senza che nessuno si facesse davvero male.

Gert sembrava essersi solo riscaldata. Mentre Sylvia - stordita- si tirava su sul gomito, l'anziana donna le calpestò l'inguine. "Sporca puttana. Abbiamo sentito tutti quello che hai detto. Non ci vorrà molto prima che lo sappia anche il mondo intero. Da un giorno all'altro tutti vedranno i segnali. Lo sapranno tutti!".

Sylvia urlò di dolore. "Cosa?"

"Tutti sapranno che sei una prostituta quando la tua pancia comincerà a gonfiarsi. Quando la tua pancia crescerà e la tua pelle si distenderà. Quando il veleno che ti ha iniettato dentro ti farà star male ogni mattina. Tutti sapranno che sei una prostituta solo guardandoti, lurida e schifosa. Non lo sapevi nemmeno? Sei stupida oltre che puttana?".

"Non l'ho mai fatto. Non avrei mai...", strillò Sylvia, mentre Gert le calpestava il tallone.

"Tutti lo sanno. Non ha più senso mentire. Hai lasciato che un ragazzo ti toccasse lì sotto. Gli hai permesso di mettere le sue parti sporche dentro di te e ora sei rovinata. Sei rovinata. Non ci vorrà molto prima che tutti si accorgano che sei incinta, e allora inizierà davvero la tua sofferenza. Quella sarà la tua vita, finita. Nel momento in cui schizzerai il tuo piccolo bastardo schifoso sul mio pavimento, si attaccherà a te e non ti lascerà più". Gert aveva gli occhi che le uscivano dalla testa. I suoi denti digrignavano tra una parola e l'altra. Non era mai sembrata meno umana. "Chiunque saresti diventata, qualunque sogno avessi avuto... hai rovinato tutto, solo per un ragazzo. Un uomo di cui non ricordi nemmeno il nome. Hai rovinato tutto per un uomo che ti ha pagato per stare con lui".

Gli occhi dell'anziana donna si mossero da un lato all'altro, mentre immaginava la nuova realtà, poi le calpestò di nuovo il piede, facendo urlare Sylvia. "Non sei altro che una prostituta e non sarai mai niente di più. Hai preso dei soldi da un uomo per poter comprare altri dolci per riempirti la faccia. Poi lui ti ha farcito. Oh, volevi ingrassare. Mangiarmi tutto. Rovinare la tua linea trangugiando tutte le leccornie che i tuoi soldi da prostituta potevano comprare. Be', non hai ancora visto nulla. Non hai nemmeno iniziato a vedere quanto diventerà vile e gonfio quel piccolo verme rosa putrido che hai nelle viscere. Ti vedranno arrivare dall'altro capo della città".

I bambini del quartiere stavano morendo dal ridere. I figli di Gert sembrarono un po' scoraggiati da quella tiritera sul fatto che avere figli ti rovinava la vita, ma non ci volle molto perché tornassero a essere d'accordo quando Gert smise di parlare e cominciò a tirare calci. Martellò il tallone sull'inguine di Sylvia e, quando la ragazza cercò di avvicinare le ginocchia, la vecchia megera sibilò. "Ormai è troppo tardi. Avresti dovuto tenere le gambe unite prima che fosse troppo tardi. Sporca puttana". Ringhiò ai ragazzi più vicini. "Allargatele le gambe. Non preoccupatevi di farle male. Sapete che le piace così. Sapete che le piace aprire le gambe per ogni ragazzo che glielo chiede".

I ragazzi si fecero avanti prontamente. Il loro divertimento si trasformò in qualcosa di più cupo quando afferrarono Sylvia per le caviglie e la trascinarono a gambe aperte mentre urlava. Nemmeno le sue grida erano sufficienti a soffocare il ruggente sermone di Gert. Ogni frase era scandita da un altro colpo di piede sull'inguine della ragazza. "Le donne sono creature impure. Dio non le ama come ama gli uomini. Ha ragione a non amarle. Sono sporche. Sono vermi che si prostrano ai piedi degli uomini per ottenere affetto e avanzi. Sono così disperate per le loro attenzioni e per il loro denaro che fanno ogni sorta di cose oscene per ottenerle. Non c'è niente di più diabolico di una prostituta. Una donna che venderebbe la sua più preziosa innocenza a un uomo per pochi miseri dollari".

Gert cominciava a stancarsi. Uno dei suoi calci andò a vuoto e colpì le nocche di uno dei ragazzi che tenevano sollevate le gambe di Sylvia. Lui lasciò cadere la gamba e per un terribile momento la ragazza penzolò, scalciando, nella presa dell'altro ragazzo, poi anche lui la lasciò cadere e fece un passo indietro. Sylvia si rannicchiò su se stessa per il dolore che le bruciava tra le gambe, e gemette. Gert barcollò all'indietro e inspirò per qualche istante prima di ricominciare a farneticare.

"Il Signore detesta le puttane. E io sono una donna di Dio, quindi le odio anch'io. Come tutti voi figli di Dio dovreste fare. Questo miserabile verme davanti a noi ha preso dei soldi da un uomo. Si è lasciata toccare nel suo posto speciale. Ora è incinta. Ha rovinato tutta la sua vita con i suoi modi lussuriosi, avidi, malvagi e sporchi. È inferiore a tutti voi. Dovreste tutti odiarla come la odio io. Ognuno di voi. Se siete buoni figli, figli di Dio, allora odierete questa puttana".

Le risate si spensero e la stanza cadde nel silenzio. Il disco era arrivato alla fine, ma nessuno si mosse per cambiarlo. Il suono regolare del disco nero che completava un'altra rotazione era l'unico rumore nella stanza, a parte quello sommesso dei singhiozzi di Sylvia.

Con lentezza angosciante, Sylvia rotolò sulle ginocchia e cominciò a rimettersi in piedi. Le braccia le tremavano per il dolore, le dita lasciavano delle impronte nell'intonaco non finito. Aveva a malapena la forza di stare in piedi. Le sembrava che tutto il sangue del suo corpo scorresse verso il punto in cui Gert l'aveva presa a calci, lasciando il resto del corpo intorpidito e inutile. Continuava a gemere quando aveva fiato, non intenzionalmente, nemmeno consapevolmente. Il dolore doveva trovare una via d'uscita e la bocca sembrava essere l'unica opzione. Barcollò in piedi per un lungo momento, mentre gli altri bambini la fissavano, poi si diresse con dolorosi mezzi passi verso la sedia vuota più vicina. Gert arrivò per prima. Mentre Sylvia cercava di abbassarsi con delicatezza, Gert allontanò il sedile e la ragazza cadde a terra. Non urlò per la sorpresa. Dopo una lunga convivenza con i Baniszewski, scoprire che la sedia le era stata strappata via da sotto i piedi era praticamente la normalità. Ma quando il suo inguine dolorante rimbalzò sulle assi nude del pavimento, fu come se qualcuno le avesse infilato un attizzatoio rovente nelle viscere. Gemette.

Gert si sporse così tanto che quasi cadde, barcollando in avanti fino a incombere così vicino al viso di Sylvia che il suo alito da posacenere le arruffò la frangia. "Le puttane non sono degne di sedersi".

Vendetta meschina

A Sylvia non fu più permesso di sedersi in nessun luogo della casa. Persino il mucchio di biancheria sporca che usava come letto veniva disperso dai piedi scalcianti di Gert prima che le fosse permesso di sdraiarsi la sera. Le poche volte che Sylvia aveva provato a sedersi senza rifletterci, Gert le aveva fatto un altro sermone stridulo sulla sua sporcizia, sulla sporcizia delle donne in generale, per poi passare a riflessioni più generali sui tipi di liquidi che potevano fuoriuscire da una puttana quando si sedeva. La cosa aveva fatto venire a Sylvia una nausea tale da non provare mai più a sedersi in casa.

Quando andò a scuola il giorno dopo essere stata presa a calci, fece fatica a sedersi comodamente al suo banco. Emise un piccolo gemito quando si sedette, suscitando una risatina da parte della sua compagna di classe, Stephanie Baniszewski. Uno sghignazzo che accompagnò con un gesto osceno della mano verso la ragazza seduta accanto a lei, a titolo di spiegazione. Sylvia non pianse. Ormai aveva imparato abbastanza bene che piangere non serviva a nulla. Invece di turbarsi, si arrabbiava e, anche se non era in suo potere fare del male a Gert direttamente, poteva certamente infierire sui suoi tormentatori più piccoli.

Ai tempi della scuola, Gert non era mai stata in grado di gestire le dicerie sul suo conto, cavalcando l'onda di quelle che le facevano comodo, ma senza mai capire davvero come si diffondessero. Anche da adulta aveva lottato per tenere per sé i propri segreti, fraintendendo la natura umana a tal punto da credere che i piccoli favori che faceva ai bambini del vicinato, che si attardavano a casa sua, avrebbero impedito loro di parlare dello stato pietoso in cui si trovava, o di speculare sui suoi figli. In realtà, i suoi tentativi molto deliberati di evitare che qualsiasi notizia uscisse da casa sua, avevano creato una sorta di vuoto di informazioni tale che la gente avrebbe creduto quasi a tutto ciò che la riguardava, soprattutto se proveniva da una fonte vicina alla famiglia. Come un inquilino.

Nonostante le umiliazioni subite fino a quel momento, Sylvia era piuttosto innocente, e anche se avesse avuto l'intenzione di diffondere un pettegolezzo sgradevole su qualcuno, probabilmente non avrebbe saputo da dove cominciare, se qualcuno non avesse passato la notte precedente a urlare ripetutamente per un atto apparentemente malvagio. Il fatto che Sylvia fosse così innocente non faceva che dare maggior credito alle cose che diceva sulle ragazze Baniszewski. Dopotutto, come poteva la dolce e innocente Sylvia Likens sapere cosa fosse la prostituzione se non l'aveva vista con i suoi occhi? Jenny apprese la storia da lei all'ora di pranzo e, alla fine della giornata, l'intera scuola era in fermento per le voci secondo cui Paula e Stephanie Baniszewski avevano fatto sesso con ragazzi in cambio di denaro.

Le ragazze Baniszewski furono mai approcciate direttamente, ma non erano stupide: sapevano che stava succedendo qualcosa quando le conversazioni si interrompevano all'improvviso nel momento in cui loro si avvicinavano. Forse non avevano la credibilità o la simpatia di Sylvia, ma avevano una rete di sostegno ben radicata nella scuola. Gli amici cominciarono presto a dare la caccia alla fonte delle voci, senza mai dire a Paula o a Stephanie cosa stava succedendo, per risparmiare loro l'imbarazzo. Dato che i racconti includevano descrizioni precise degli interni di casa Baniszewski, comprese le aree che erano state off-limits per i visitatori da quando Paula era rimasta incinta, non era difficile capire da dove provenissero. La rivalità tra fratelli esisteva nella casa dei Baniszewski, ma ciascuno sapeva fino a che punto poteva spingersi per infastidire gli altri. Questi limiti erano dettati in gran parte da ciò che Gert era disposta a tollerare prima di interpretare quei piccoli dispetti come un rischio per la reputazione della famiglia in città. Per chiunque conoscesse la famiglia, era evidente che nessuno di loro avrebbe mai diffuso certe voci, il che lasciava come uniche sospette le ragazze Liken.

Tuttavia, nessuno voleva essere la persona che glielo avrebbe detto. L'intera situazione era già di per sé terribilmente scomoda, ma quando queste nuove voci si intersecarono con gli eventi della notte precedente e con il persistente sospetto che Paula fosse incinta, si creò un tipo di conversazione sociale su cui nessuno voleva davvero più scherzare.

La fortuna volle che ci fosse un adolescente a conoscenza della situazione, che soffriva di una totale mancanza di consapevolezza sociale e non aveva alcun senso di autoconservazione. Coy Hubbard aveva quindici anni ed era innamorato. Stephanie Baniszewski era la prima ragazza con cui avesse mai fatto "coppia fissa", quindi integrava la sua mancanza di esperienza nella vita reale con film e molta fantasia. Quando aveva sentito le voci sulla sua amata, era stato pronto a prendere a pugni chiunque le avesse diffuse, e solo l'intervento tempestivo di alcuni altri amici di Steph gli aveva impedito di scatenare una rissa per tutta la scuola quel giorno, reindirizzando la sua furia dove loro pensavano fosse giusto.

Finite le lezioni, si diresse subito a casa Baniszewski, dove Gert lo accolse con sospetto.

Si trattava di un ragazzo dell'età della figlia minore, evidentemente fissato con lei e che ora si aggirava vicino alla sua camera da letto. Non era un frequentatore abituale della loro casa e sembrava estremamente nervoso per qualcosa. Non era passato molto tempo da quando Gert ricordava di avere quell'età e la sua prima ipotesi fu che fosse lì per fare sesso, così cercò di allontanarlo. Fu solo quando lui iniziò a blaterare di "dare una lezione a quella puttana" che Gert iniziò ad ascoltarlo. Si ammutolì completamente mentre lui le spiegava le voci che Sylvia e sua sorella avevano messo in giro, e l'espressione di Gert diventava sempre più vuota a ogni parola. Alla fine lo portò in salotto e lo fece sedere con una bibita per aspettare. I due indugiarono in silenzio fino a quando il resto della famiglia non tornò a casa in fretta e furia, con le ragazze Likens al seguito.

Nel momento in cui Sylvia entrò nella stanza, Coy si precipitò su di lei con cupa determinazione. Gert si sedette a guardare lo spettacolo. "Perché hai detto quelle cose sulla mia ragazza?".

Sylvia era bloccata nell'indecisione.

Si trattava di un ragazzo della scuola, un luogo sicuro, ma lei era in casa, dove non era al sicuro. Non sapeva se doveva rimanere in silenzio come quando riceveva gli abusi da Gert, o se poteva rispondere. Emise un piccolo suono strozzato.

"Perché hai detto che Stephanie è una puttana?Stephanie non è così".

Stephanie si avvicinò. "Cosa stavi dicendo di me?"

Gli occhi di Sylvia si spostarono avanti e indietro tra loro, poi si fissarono su Gert, che era seduta, sorridente, dall'altra parte della stanza. "Non ho detto... non ho detto..."

"Hai detto alla gente che Steph si scopava i ragazzi per soldi. Hai detto che era una puttana".

Stephanie urlò. "Tu sei la puttana. Lo sanno tutti".

"Puttana", le abbaiò in faccia Coy.

"Non ho fatto niente... non ho...".

"Sai che non dovresti parlare così della mia ragazza. Conosco il judo. Ti farò a pezzi. Se dici di nuovo una cosa del genere ci saranno delle conseguenze. Mi hai capito?"

Sylvia era schiacciata contro il muro. Le lacrime le si stavano già accumulando negli occhi. Non si sarebbe mai aspettata una cosa del genere. Non era così che le persone dovevano comportarsi.

Il sorriso di Gert venne lentamente cancellato dal suo volto.

"Non ci sarà più modo di fermarlo. Si diffonderà in tutta la città. Tutti sentiranno queste bugie sulla mia bellissima figlia. Tutti penseranno che la tua ragazza è una puttana. E tu la lascerai andare solo con un avvertimento? Che razza di uomo sei?".

Coy stava già tremando di rabbia, ma a quel punto il suo viso si arrossò e si scagliò contro di lei. Il suo pugno colpì Sylvia sulla guancia e lei emise un guaito, cadendo a terra. Era debole per il lungo periodo di malnutrizione e anche se non lo fosse stata, non aveva mai preso un pugno prima e non sapeva cosa fare. Coy la afferrò per il davanti della camicetta e la trascinò in piedi. Gert chiamò con un sussurro da stadio i suoi figli. "Questo è judo, vero?".

Di nuovo in piedi, Sylvia ondeggiò per un attimo, poi il suo mondo si capovolse. Coy l'aveva afferrata per un braccio e subito dopo si ritrovò supina in mezzo alla stanza, rantolando per l'aria che le aveva fatto mancare. Una fiammata di dolore le salì dall'inguine già pieno di lividi, e l'aria che cercava faticosamente di inspirare le sfuggì in un mugolio.

I ragazzi Baniszewski indietreggiarono in silenzio.

Non avevano intenzione di intervenire a favore di Sylvia, non quando era così ovvio che Gert voleva che tutto ciò accadesse, ma si sentivano comunque a disagio per questo estraneo in casa loro che esercitava violenza. Se fosse stato uno di loro sarebbe andato bene, persino normale, ma che qualcuno che non faceva parte della famiglia venisse a picchiare Sylvia era come se un estraneo entrasse a lavare i piatti. Non potevano opporsi, perché volevano che fosse fatto, ma era comunque imbarazzante. Gert incontrò gli occhi di Coy dall'altra parte della stanza quando lui la guardò per avere l'approvazione e lei fece un piccolo cenno prima di balzare in avanti per trascinare di nuovo Sylvia in piedi.

La girò di nuovo prima ancora che lei avesse tirato un respiro per urlare, e questa volta le assi del pavimento si piegarono sotto di loro mentre lui la sbatteva a terra e una sedia si rovesciava. Gert si imbronciò. "Spaccherai tutto facendo casino in questo modo. Tirala su".

Ci fu un'altra lunga pausa mentre tutti aspettavano di vedere cosa sarebbe successo dopo.

Coy non era uno dei suoi figli e nemmeno uno dei bambini del vicinato che lei aveva reclamato. Poteva rifiutarla e tutto quello che stava accadendo poteva finire. Si abbassò e afferrò la ragazza ansimante per la coda di cavallo, trascinandola in piedi. Poi guardò con aria interrogativa.

Gert fece un altro brusco cenno. "La porta del seminterrato è in cucina. Non c'è niente da rompere laggiù".

Sylvia piagnucolava mentre lui la trascinava per i capelli attraverso la casa, ma ora capiva qual era il suo posto in tutto questo. Non avrebbe rischiato di far arrabbiare Gert parlando o contraddicendola. Alla fine, aveva ancora il controllo su questa situazione, perché poteva controllare se stessa. Non sarebbe stato per sempre. Il ragazzo l'avrebbe sballottata un po'. Si sarebbe procurata qualche livido. Non era la fine del mondo. Era già sopravvissuta a cose peggiori. Ripeté a se stessa sempre le stesse bugie e lui la trascinò giù per le scale fino al seminterrato. Il pavimento era sporco e c'era una sola lampadina spoglia che pendeva abbastanza in basso da costringere Sylvia ad allontanarsi per evitare che le bruciasse il viso. Lanciò una rapida occhiata nervosa alle scale. Era tutto a posto. Gert non l'aveva visto. Stava scendendo ora. Coy non attese altri consensi e scaraventò Sylvia contro il muro.

Gert si sistemò comodamente sulle scale per osservare.

Il suo sguardo silenzioso era l'unica costante in un mondo che sembrava in continuo movimento. Sylvia fu capovolta e sballottata così tante volte che anche quando Coy si fermò era ancora troppo stordita per stare in piedi da sola. Quando si fermò era rosso in viso e sudato. Sylvia era diventata sempre più fredda a ogni impatto e le mani di lui lasciavano scie viscide di sudore su di lei.

Avrebbe rabbrividito se non fosse stata già costantemente scossa. Da qualche parte, nel mezzo di quella tempesta di violenza, aveva perso il conto di quante volte lui l'avesse scaraventata in giro per il seminterrato, di quante volte era rimbalzata sulle pareti e sul pavimento. Le faceva male tutto. Era rimasta insensibile per un po', ma ora che era sdraiata, il dolore cominciava a farsi sentire. Se era così che si sentiva adesso, temeva le ore e i giorni successivi. I discorsi banali che aveva usato al piano di sopra non le erano serviti a molto qui sotto. Almeno era finita. Il ragazzo aveva avuto la sua piccola vendetta. Gert probabilmente si sentiva come se fosse stata adeguatamente punita. Non doveva preoccuparsi di nulla se non di superare questo dolore.

Coy barcollava, mezzo esausto, verso le scale e stava quasi per superare Gert quando la mano di lei gli avvolse la coscia e lui si bloccò.

L'anziana donna sembrava arrossita, poteva sentire il suo ansimare riecheggiare nella cantina come se fosse stata lei a lanciare la ragazza in giro. "Sei bravo in questo judo, ma potresti fare di meglio."

"Sono il migliore della mia classe".

Lei gli strinse i muscoli della coscia con approvazione.

"Forse lo sei, ma non sarebbe utile potersi allenare un po' di più? Sai che puoi tornare quaggiù ogni volta che vuoi sudare".

L'espressione perplessa sul suo volto cominciava a irritare Gert. "Se vuoi esercitarti nel judo. Torna qui e fai pratica ancora un po' su di lei. Se lo merita. Si merita di peggio. Raccontare bugie sulla tua ragazza. Sulla mia bambina. Non è stato giusto".

Coy indugiò ancora un attimo prima di grugnire "va bene" e allontanarsi per le scale.

Gert rimase dov'era, seduta sui gradini a guardare Sylvia che tremava impotente sul pavimento. Si bagnò le labbra. "Rimani lì stanotte. Il mio cibo non passerà per quelle tue brutte labbra bugiarde".

Si alzò e spense la luce. Lasciando Sylvia sola nella fredda oscurità, in attesa che il dolore arrivasse come la marea.

Verso l'interno

Sylvia cercò di tornare ad una vita normale dopo la sua prima notte nel seminterrato, ma era così ammaccata e malconcia che al mattino, al risveglio, era a malapena in grado di muoversi, gonfia e rigida. Sua sorella e gli altri bambini se n'erano già andati da tempo quando lei strisciò in cima alle scale. Gert la stava aspettando, appollaiata sull'unica sedia della cucina ancora intatta. "Tutti avranno sentito le bugie che hai raccontato su mia figlia, ma puoi stare dannatamente sicura che ora tutti sapranno che sei una bugiarda. Non ho bisogno di punirti. Hai già portato abbastanza sofferenza su di te. Non farti mai più beccare con il nome di mia figlia in bocca, puttana."

Dopo il fine settimana, Sylvia tornò a scuola, presumibilmente guarita dall'influenza. I lividi che sporgevano al di là dei suoi vestiti volutamente pudici erano diventati gialli e le ragazze Baniszewski erano generose nel condividere i loro trucchi, almeno fino a quando l'ingiallimento non fu abbastanza sbiadito da poter essere spacciato per una brutta pelle. A scuola, Sylvia si allontanò completamente dalle Baniszewski. Non poteva rischiare che qualcosa di ciò che facesse o dicesse tornasse a Gert, o che Coy si arrabbiasse di nuovo con lei. Era chiaro che le protezioni di cui godeva qualsiasi bambino le erano state tolte, che chiunque avrebbe potuto farle del male se avesse fatto arrabbiare Gert. Questo faceva svanire ogni possibilità che Gert fosse solo troppo zelante nelle sue abitudini disciplinari. Nonostante le botte subite e le minacce di Gert il giorno dopo, Sylvia sentiva che la cattiva sorte non si era ancora abbattuta su di lei. La maledizione perseguitava la ragazza.

Tuttavia, la vita non era del tutto terribile. Quando era a scuola c'erano diversi amici su cui poteva contare per distrarsi dalla sua vita domestica da incubo. Anna Sisco era l'amica più intima che era riuscita a farsi oltre alla sorella. Aveva tredici anni e se le ragazze Likens erano riservate rispetto alle più mondane Baniszewski, non erano nulla in confronto ad Anna. Non riusciva proprio a capire perché non fosse mai stata invitata a casa di Sylvia, o perché Sylvia non volesse tornare a casa sua e rischiare di essere interrogata su dove fosse stata. La paura di portare qualcuno a casa di Gert era costante. Era già abbastanza grave che Sylvia e Jenny fossero sotto il controllo della vecchia. Non voleva consegnare qualcun altro nelle grinfie della megera, se poteva evitarlo. Peggio ancora, non aveva idea di come la piccola Anna avrebbe reagito al trattamento che riceveva in casa Baniszewski. Se avesse provato a prendere le difese di Sylvia o a denunciare Gert, Sylvia non poteva immaginare quale nuovo inferno si sarebbe scatenato.

Al caos vorticoso in cui Anna avrebbe potuto trovarsi in casa Baniszewski si aggiungevano le visite regolari di Coy. Non abusava mai di Sylvia come la prima sera, quando era in preda alla rabbia, ma Gert lo mandava comunque nel seminterrato con lei, dove Sylvia doveva sottostare ai suoi capricci. Non che questi capricci sembrassero mai andare oltre le botte. Non avrebbe saputo come spiegare la sua pronta accettazione ad Anna in termini che avrebbero avuto senso per una persona sana di mente. Lei stessa riusciva a malapena a razionalizzarlo.

Alla fine, Sylvia cedette alle insistenze di Anna e la portò a casa una sera in settimana, quando gli sciami di adolescenti che si attardavano intorno alla casa erano probabilmente meno numerosi del solito. Pensò che se avesse potuto mostrare alla ragazza più giovane lo stato della casa, allora si sarebbe sentita abbastanza in imbarazzo per conto di Sylvia da non insistere ulteriormente sulla questione. Quando entrarono, il giradischi era silenzioso, il che era un buon segno. Gert era seduta in salotto, in paziente attesa di un po' di intrattenimento. Il che non era un buon segno. Non era affatto un buon segno. Colse lo sguardo di Sylvia e sul suo volto si aprì un barlume di sorriso malvagio solo per un attimo, prima di passare alla sua affascinante routine di madre di quartiere. "Chi è questa? Un'amica della nostra Sylvie? Sono così felice di conoscerti finalmente".

Sylvia si bloccò. Aveva solo un momento per cercare di prendere il controllo della situazione prima che Gert le piombasse addosso, come faceva sempre, soffocandola con la sua versione distorta della realtà fino a quando non poteva fare altro che accettarla. Aprì la bocca, ma era già troppo tardi. Gert accarezzò il sedile accanto a lei, tutta sorrisi e approvazione matronale. "Non vuoi venire a sederti? Sylvia non ci ha detto nulla di te e siamo tutti molto curiosi. Come ti chiami, ragazzina? Dai, non essere timida. Siediti". Si rivolse a Sylvia con lo stesso sorriso placido. "Perché non vai a prendere una bibita alla tua amica?".

Con i piedi che sembravano di piombo, Sylvia arrancò fino alla cucina e andò a prendere le bottiglie. Non aveva idea di quello che avrebbe dovuto affrontare al ritorno. Non ebbe nemmeno il tempo di parlare che il pugno di Anna la raggiunse sulla guancia. Barcollò nel corridoio, completamente sbalordita. Anna si precipitò di nuovo su di lei, agitando i pugni in modo selvaggio, facendo a malapena centro e singhiozzando nel frattempo. Alla fine, Sylvia sentì le sue grida stridenti sotto i grugniti dello sforzo. "Come osi? Come osi dire alla gente quelle cose su mia madre? Tu... tu sei una pessima bugiarda. Dirò a tutti che... Pensavo fossi mia amica!".

Spinse Sylvia e si precipitò in strada, con le lacrime che le scendevano sul viso. Sylvia era così scioccata che non cercò nemmeno di seguirla. Gert scosse la testa con tristezza. "Devi proprio smetterla di dire bugie, Sylvie. Altrimenti tutti finiranno per odiarti. Non lo vorresti, vero? Non vorresti che il mondo intero sapesse che sei una piccola puttana perfida e bugiarda".

Sylvia superò la distanza che le separava in pochi passi e per un attimo, mentre incombeva sulla vecchia trasandata, il pozzo di fiducia senza fondo di Gert sembrò tradirla. Quasi trasalì. Fu sufficiente a far scattare la ragazza. Non era come le Baniszewski. Non era un mostro. Non poteva fare del male alla gente solo perché era crudele. Era migliore di così. Era migliore di Gert. Lasciò trasparire una piccola parte di questa superiorità nel suo sorriso educato. "Ecco la tua bibita. Mamma".

Con la perdita di Anna e le conseguenti voci che cominciarono a diffondersi sulla sua inaffidabilità, Sylvia si isolò completamente a scuola. Una piccola parte di queste voci si diffuse anche tra gli adulti della comunità, e in breve tempo gli insegnanti, che l'avrebbero volentieri accontentata a causa delle sue difficili circostanze, si mostrarono freddi nei suoi confronti. Cominciarono a trattare la ragazza con sospetto in tutto ciò che diceva e faceva. C'erano occhi puntati su di lei costantemente. Era come se Gert avesse improvvisamente esteso il suo raggio d'azione, rifacendo il mondo a sua immagine e somiglianza. Un mondo in cui c'era un solo cattivo, Sylvia Likens.

Gert non era soddisfatta di come era andata la sua ultima tortura. Non le era piaciuta la scintilla di sfida che la puttana aveva negli occhi, e quel sorriso compiaciuto doveva essere cancellato dal suo volto. Doveva sapere qual era il suo posto, guardando Gert dall'alto in basso come se fosse migliore di lei. Gert non aveva mai aperto le gambe per soldi. Non era una puttana. Era stata con i suoi mariti, in modo legale e corretto come voleva il Signore, e forse questi le avevano comprato cose e pagato le bollette, ma era così che doveva andare. Sylvia era la puttana, e le puttane devono stare in ginocchio. Quando Sylvia tornò a casa dalla festa della chiesa, dove aveva evitato accuratamente di mangiare molto nonostante le proteste del suo stomaco dolorante, la casa era di nuovo piena di adolescenti. Stephanie non si era preoccupata di venire, contando sul nuovo potere che Coy aveva acquisito con Gert per evitare di dover fare la brava con il reverendo Julian per un po'. Invece, aveva trasformato la casa in una festa privata, invitando tutti i ragazzi del suo anno di scuola, gli stessi che ora guardavano Sylvia con disprezzo e perfino con odio. Di tutti i ragazzi presenti, solo uno sembrava abbastanza furioso da fare qualcosa.

Judy Duke incombeva su Sylvia, molto più alto di lei e quasi il doppio del suo peso, dopo il recente attacco di fame. Diede uno schiaffo a Sylvia e sogghignò mentre il sangue usciva dalle labbra della ragazza. "Perché dici in giro che mia madre è una prostituta?".

Sylvia guardò Gert e sospirò. Quante volte si sarebbe dovuto ripetere lo stesso copione? "Non conosco nemmeno tua madre, Judy. Ti conosco a malapena. Quindi perché dovrei dire una cosa del genere?".

Un altro schiaffo. Più morbido, ma ancora pungente. "Non so perché una pazza bugiarda come te dica cose orribili su altre persone. Forse sei solo una persona orribile".

"Non ho detto nulla su tua madre, Judy. Qualcuno te lo sta dicendo per farti litigare con me".

Ci fu un lungo momento di silenzio, prima che il sibilo sommesso di Gert si facesse largo. "Bugie. Sempre più bugie con questa qui".

Judy diede un calcio a Sylvia negli stinchi con tutta la rabbia possibile, ma sul suo volto c'era un dubbio, Sylvia lo vedeva. Potevano essere tutti coinvolti nel vortice di caos e malvagità che Gert aveva seminato, ma le sue pedine erano comunque persone. Un paio di calci dopo, fu chiaro che Sylvia non avrebbe reagito e Judy uscì di casa come una furia, con la confusione ancora scritta in faccia. Gert era furiosa. Non era affatto quello che voleva. Non era abbastanza. Non aveva intenzione di sopportarlo. Abbaiò: "Colpiscila".

La musica continuava a suonare, con una voce femminile che intonava: "Ciò di cui il mondo ha bisogno ora è amore, dolce amore", oscena nel silenzio teso.

Stephanie si contorse. "Chi?

Gli occhi di Gert si spalancarono. "Colpisci la puttana!"

Stephanie si allontanò dalla madre mentre la vecchia vibrava di rabbia. "No, mamma. Con chi stai parlando? Chi vuoi che la colpisca?".

Gert lanciò lo sguardo in tutta la stanza finché non si fissò su qualcuno proprio accanto a Sylvia. Con un sordo senso di terrore, Sylvia si girò per incontrare gli occhi della sorella. Jenny stava già scuotendo freneticamente la testa. Gert ringhiò. "Colpiscila. Colpisci la puttana. Prendila dalle orecchie. Non permetterò che le puttane bugiarde vadano in giro impunite. Colpiscila."

Coy si chinò: "Lo farò io".

"No. Lei", ringhiò Gert. "Deve essere lei a farlo. Deve dimostrare che non è dalla parte della puttana in tutto questo. Che starà dalla parte della sua famiglia, non di questa degenerata".

Jenny tremava, e le lacrime già le pungevano gli angoli degli occhi. "Io... non lo farò".

Sylvia scosse la testa. "Fallo".

"Non posso", si disperò Jenny. "È mia sorella. Non posso."

Gert si alzò di scatto dalla sedia e attraversò la stanza così velocemente che era difficile crederci. Diede uno schiaffo a Jenny. "O lo fai o lo prendi al posto suo. Colpiscila o mando te e Coy nel seminterrato a fargli fare pratica. Fallo, o non mangerai nulla per il resto della settimana. Fallo. Colpisci la puttana".

Jenny continuava a scuotere la testa, anche se Sylvia mugolava. "Per l'amor di Dio, fallo e basta".

Gert colpì la ragazza. La schiaffeggiò così forte che le deboli gambe di Jenny non riuscirono a sostenerla. Si girò e ringhiò:

"Non nominare il nome del Signore invano. Sei un'immondizia. Non sei degna di pronunciare il suo nome".

"Jenny, per favore. Fallo e basta".

Singhiozzando, la ragazza strinse il pugno e si fiondò. Questo colse Sylvia di sorpresa. Barcollò di un passo con un urlo di dolore. Da vicino, poteva vedere gli occhi di Gert illuminarsi. Sentiva il suo respiro affannoso farsi più veloce. Il volto della donna era una maschera di miseria accuratamente addomesticata, ma c'erano piccole cose come il rossore che si diffondeva sulle sue guance che raccontavano un'altra storia. Le stava piacendo. Jenny la colpì di nuovo con un singhiozzo. Picchiò Sylvia in faccia finché le nocche non furono arrossate e livide, prima che la megera la trascinasse via con un finto rimprovero. Avendo adempiuto ai suoi obblighi come intrattenitrice della serata, Sylvia se ne andò in camera sua senza dire un'altra parola. Gli occhi di Gert la fissavano nella nuca a ogni passo.

Una cura per le mani lunghe

Sylvia si presentò a scuola sempre più spesso ammaccata e malconcia. Sembrava che Coy si divertisse ad avere campo libero per scaraventarla in giro, e la sua violenza stava cominciando ad espandersi oltre l'esercizio del judo, passando ai pugni chiusi e a qualche breve incontro in cui sbatteva Sylvia contro il muro con il suo corpo e le avvolgeva le dita intorno al collo. Tutte le sue oscure fantasie si potevano realizzare nel seminterrato poco illuminato, se solo avesse avuto il coraggio di realizzarle. Finché non avesse avuto il coraggio di andare oltre, avrebbe continuato a intensificare le percosse. Dopo tutto, a nessuno importava cosa successe a Sylvia.

Nonostante tutto questo, la vita continuava ad andare avanti in casa Baniszewski. L'estate cominciava a scivolare verso l'autunno e le lezioni di educazione fisica a scuola si svolgevano comunque all'aperto. I pantaloncini e la maglietta che i genitori le avevano fornito non erano più una protezione sufficiente contro le intemperie, così Sylvia dovette ingoiare i resti ormai a brandelli del suo orgoglio e chiedere a Gert di comprarle una tuta da ginnastica. Pensava di aver colto l'anziana donna di buon umore, ma, a quanto pare, Gert non era di buon umore quando si trattava di Sylvia. "Una puttana non farebbe meglio a non coprirsi?".

Trattenne il suo diniego. Non aveva senso discutere. "La scuola dice che è l'uniforme. Devo indossarne una".

"Per me non ha importanza in un senso o nell'altro". Gert gettò della cenere sul pavimento. "Non ci sono soldi per vestiti nuovi in questo momento. Soprattutto per gente come te".

"Ma ne ho bisogno". La voce di Sylvia aveva un che di lamentoso che dava sui nervi a Gert.

"E non me ne frega niente di quello che ti serve".

A scuola, prima della successiva sessione di jogging intorno al campo, Sylvia fu presa dal panico. Se fosse uscita senza tuta, la scuola avrebbe chiamato Gert. Avrebbero anche potuto visitare la casa. Se Sylvia avesse attirato questo tipo di attenzione su casa Baniszewski, avrebbe firmato la sua stessa condanna a morte. Gert l'avrebbe incolpata di tutto e sarebbe andata su tutte le furie. Non poteva rischiare. Con il cuore pesante, si infilò negli spogliatoi prima che suonasse la campanella e rubò una tuta da ginnastica da uno degli armadietti. Non sapeva nemmeno di chi fossero i vestiti che stava prendendo, ma sperava contro ogni speranza che potessero permettersi di ricomprarli facilmente. Non che nella scuola ci fosse qualcuno che stava male come lei e sua sorella. Si nascose in bagno finché tutti gli altri non si furono vestiti, poi uscì a correre sul campo con il resto della classe. Chiunque avesse rubato doveva avere un kit di ricambio, perché non vide nessuno in tenuta estiva. Tirò un piccolo sospiro di sollievo e cercò di ignorare il fastidioso senso di colpa che la assaliva quando si mise a correre. Supponeva che avrebbe dovuto essere entusiasta di farla franca senza che nessuno si fosse fatto male, ma si sentiva a disagio.

Gert notò la nuova tuta da ginnastica quando Sylvia cercò di lavarla. L'anziana donna sembrava completamente ottusa per la maggior parte del tempo. Per quanto ne sapeva Sylvia, era a malapena alfabetizzata. Eppure, in qualche modo, quando si trattava di cose come questa era stranamente astuta. "Da dove l'hai presa?"

Sylvia si bloccò. Era più forte di lei. Ogni volta che Gert le parlava era come un chiodo su una lavagna nella sua testa. Non aveva senso discutere o resistere. Qualsiasi cosa Gert avesse deciso di dire sarebbe diventata comunque la verità. Gert le strappò i vestiti dalle mani e li fissò a lungo e intensamente. "Li hai rubati? Non voglio ladri in casa mia. Non lo permetterò".

Sylvia tenne la bocca chiusa. La verità era che l'aveva rubata, ma non si aspettava che a Gert importasse. Ogni giorno arrivava in casa una quantità costante di sigarette e di bibite, sia nelle mani dei ragazzi Baniszewski che degli adolescenti in visita, e Sylvia sapeva per certo che non c'erano soldi con cui comprarle. Ogni sigaretta che Gert fumava era stata rubata, ma lei era lì che sbuffava e accusava Sylvia di fare ciò che le serviva per sopravvivere. Non era giusto. Non era giusto e basta. Sylvia se lo aspettava quello schiaffo. Era pronta a riceverlo. Non diede alcuna soddisfazione a Gert. Nessun guaito. Nessun sussulto.

Gert la colpì di nuovo, più forte. Le braccia magre della donna avevano una forza sorprendente, a dimostrazione del fatto che, anche se poteva sembrare anziana e decrepita, non era molto più vecchia della vera madre di Sylvia. Quando ancora non bastava, Gert afferrò Sylvia per i capelli e la gettò sul pavimento sudicio della cucina. C'erano ancora macchie gialle qua e là. Un ricordo dell'ultima volta che erano state insieme, in una cucina come quella, che fece rivoltare lo stomaco di Sylvia. Gert le diede un calcio e aspirò a lungo la sigaretta. Un'aureola di fumo blu le si levò intorno mentre sibilava. "L'hai rubata o l'hai comprata? L'hai comprata con i tuoi soldi da prostituta?".

Il calcio successivo fu in un luogo familiare. I lividi dell'ultima volta si erano finalmente attenuati, ma ogni volta che il piede di Gert si scontrava con l'inguine di Sylvia le infiammava di nuovo l'intero bacino con un dolore lancinante. Gridava. Non poteva farne a meno. Gert sorrise. "Ti piace, puttana? Riesci a sentirlo dopo tutti gli uomini che ti hanno usato? Questo è solo un giorno come tanti per te, non è vero? Un giorno come un altro, sdraiata sulla schiena. Allargando le gambe per chiunque ti voglia. È così che fai i soldi per i vestiti? Quando i miei figli invece devono indossare abiti di seconda mano perché sei stata troppo stupida per tenere le gambe chiuse quando un uomo ti voleva?".

Sylvia cercò di allontanarsi a gran velocità, per non farsi raggiungere, ma Gert la inseguì. Gli occhi erano lucidi. Il tallone si conficcava nelle parti più tenere di Sylvia a ogni occasione. "Quanti uomini ti sei scopata per quei vestiti? Quante volte ti hanno schizzato dentro il loro veleno? Avresti potuto avere una vita. Avresti potuto essere felice. Ma ora non sei altro che una stupida, inutile puttana. È tutto ciò che sarai ora. Puttana. Puttana!"

Sylvia urlava, cercando ancora di strisciare via. Non voleva sfidare Gert, ma il dolore, ora che era tornato, sembrava ancora più forte della prima volta. Era come se qualcuno le avesse infilato dentro un attizzatoio rovente. Il dolore bruciante si irradiava lungo il corpo e le gambe erano flosce e insensibili. La sigaretta di Gert le cadde di bocca mentre urlava: "Puttana! Puttana!" in continuazione. Finì su Sylvia, che emise un urlo di sorpresa. Improvvisamente Gert rimase immobile e silenziosa. Quando parlò di nuovo, la sua voce era roca. "L'hai rubato. Tu... tu sei una ladra. Devi essere punita come una ladra".

Tornò a barcollare nella stanza e si accese un'altra sigaretta. Sylvia si raggomitolò intorno al nodo di dolore che ribolliva dentro di lei. Vacillava e tremava. Cercando di rimanere in silenzio. Sperando, contro ogni probabilità, che Gert si dimenticasse di lei.

Quando sentì le mani coriacee di Gert afferrare le sue con estrema delicatezza e allontanarle dal suo corpo, credette davvero che fosse finita. Che Gert si sentisse come se la punizione fosse stata dispensata. Quando le sue dita serrate furono sciolte con una presa ferma ma delicata, fu quasi un conforto. Era l'unica volta che qualcuno la toccava senza l'intento di provocarle dolore da così tanto tempo che iniziò a singhiozzare. Sentiva il respiro di Gert sfiorarle il palmo della mano. "C'è solo una cura per i ladri".

Non c'era dolore come quello di una bruciatura. Era immediatamente riconoscibile, anche se Sylvia aveva toccato la stufa solo una volta da bambina, così tanto tempo prima che l'evento reale era ormai lontano dalla sua memoria. Gridò e cercò di allontanare la mano, ma la presa di Gert su di lei era d'acciaio. Aggrovigliò le sue dita e tenne ferma la ragazza indebolita senza nemmeno un accenno di sforzo. Spostò la sigaretta sul dito successivo e poi premette. Il dolore fu immediato. Intenso. Le fece dimenticare l'inguine martoriato. Gemette e poi singhiozzò quando la sigaretta fu allontanata e poi soffiò un paio di volte per farla tornare calda. Sylvia si sentiva come se stesse per impazzire dal dolore e quelle erano solo due dita. Gliene mancavano ancora otto. Quando cercò di divincolarsi, Gert si sedette su di lei, le bloccò il braccio tra le cosce umide e fece una risatina acuta. Questo è ciò che si meritano i ladri. Questo è tutto ciò che ti meriti".

La bottiglia di Coca Cola

Se Sylvia pensava che la sua punizione fosse finita solo perché tutte le sue dita erano state bruciate e lei era svenuta per il dolore, si sbagliava di grosso. Il dolore era solo una parte della lezione. Doveva esserci anche l'umiliazione. In salotto, sotto gli occhi di tutti i ragazzi del quartiere, le sollevarono la gonna e abbassarono le mutandine. Gert la picchiò con una cintura finché non le vennero i segni sulle natiche e sulle cosce, poi la lasciò cadere sul pavimento sporco. Durante una delle solite prediche di Gert che precedevano le percosse, tutti i bambini furono informati di ciò che Sylvia aveva commesso, ma ora era arrivato il momento di partecipare alla punizione. Gert li incoraggiò tranquillamente a bruciare la ragazza per ricordarle che rubare era sbagliato. Uno dopo l'altro i bambini, alcuni anche di dodici anni, si fecero avanti per spegnere la sigaretta sulla carne nuda di Sylvia. Lei si lamentava ogni volta, ma questo serviva solo a incoraggiare i ragazzi più sadici. Coy le spense la sigaretta sulla coscia, il più vicino possibile alla vagina senza che Stephanie lo accusasse di infedeltà.

Da quel giorno, Sylvia divenne un posacenere vivente per la casa Baniszewski. Ogni bruciatura doveva servire a ricordarle che non doveva rubare. Invece, imparò una lezione completamente diversa. Senza nutrimento e quasi senza dormire a causa della paura costante, il corpo di Sylvia aveva smesso di guarire. Le bruciature sui polpastrelli erano ancora lì, a malapena mutate, una settimana dopo la punizione. Coy era tornato per un'altra seduta il giorno dopo averla bruciata e, pur essendo diventato più coraggioso, si limitava solo a prenderla a schiaffi. I lividi, quando spuntavano, erano di un marrone sporco e opaco e non si attenuavano. Era come se tutto il suo corpo si stesse spegnendo. Era stata affamata per così tanto tempo che aveva dimenticato cosa si provava a sentirsi sazia. Era diventato un rumore di sottofondo rispetto ai dolori più allarmanti che avevano iniziato a svilupparsi in tutto il corpo. In particolare nel bacino. Le mestruazioni si erano interrotte poco dopo il suo arrivo a casa Baniszewski, a causa dello stress o della fame. Gert non se n'era ancora accorta, ma quando l'avrebbe fatto sarebbe stata sicuramente usata come ulteriore prova che era incinta, nonostante negli ultimi mesi non fosse mai stata abbastanza vicina a un ragazzo che non la stesse mutilando attivamente. A Sylvia apparve chiaro che non poteva continuare a sperare e ad aspettare che la sua situazione si risolvesse da sola. Le bruciature sulle dita ne erano la prova. Il suo corpo si stava spegnendo. Sarebbe morta se non avesse agito.

Con l'intera città convinta che fosse una bugiarda, non aveva nessuno a cui chiedere aiuto, così tornò al suo piano originale per far fronte alla fame. Raccolse tutte le bottiglie di soda che riuscì a trovare in casa, poi vagò per le strade raccogliendone altre dalla spazzatura da scambiare con monetine. Sapeva che c'erano dei rischi. Non solo i rischi reali di essere un'adolescente che si aggira per le strade di Indianapolis di notte, ma la prospettiva ben più terrificante che Gert si accorga della sua scomparsa, ma non aveva più altre opzioni. Aveva bisogno di mangiare.

La sua prima notte fuori casa fu un successo strepitoso. Riuscì a racimolare abbastanza soldi per comprare quasi un intero pasto, che mangiò prima di tornare a casa seduta su una panchina. Avrebbe voluto condividerlo con la sorella, ma non c'era garanzia che tutto ciò che avrebbe portato con sé in casa non sarebbe stato confiscato. Di sicuro sarebbe stato usato come prova contro di lei nell'ultima caccia alle streghe di Gert. Con lo stomaco pieno per la prima volta dopo mesi, Sylvia si avviò verso casa e cercò di sgattaiolare nella sua stanza senza farsi notare in tutto il solito baccano serale. Gert non sembrava partecipare alle risate e agli scherni di stasera. Per un attimo Sylvia pensò di essere stata fortunata per una volta, che la vecchia fosse andata a letto presto. Nel momento in cui entrò nella sua stanza si rese conto che la fortuna non era mai stata dalla sua parte. Gert era lì. L'aspettava.

Non cercò nemmeno di lottare mentre Gert la trascinava in salotto. Cercò di andare via, dentro sua testa. Niente di tutto questo aveva importanza. Aveva mangiato. Avrebbe recuperato le forze. Si sarebbe allontanata da tutto. Tutto questo era temporaneo. I lividi sarebbero svaniti. La vergogna, l'umiliazione, tutto sarebbe passato. Era più forte di ciò che le stava accadendo. Gert la lanciò nella stanza e tutti gli sguardi furono rivolti verso di lei. Sylvia avrebbe dovuto ormai aver superato l'imbarazzo, eppure arrossì ancora quando tutti gli occhi si rivolsero verso di lei. Le vecchie abitudini sono dure a morire. La sua vergogna fu aggravata dalle urla di Gert. "Guardate un po' chi è arrivato. La nostra signora della notte ha finalmente finito di camminare per le strade".

Sylvia si guardò intorno nervosamente. Alcuni ragazzi del quartiere stavano fumando. La situazione poteva diventare molto dolorosa, molto rapidamente, se non stava attenta. "Qual è il problema, puttana? Sei diventata improvvisamente timida? Hai passato tutta la notte a mostrare il tuo corpo agli uomini. Togliendoti i vestiti. Hai aperto le gambe per loro. E ora arrossisci?"

Gert era proprio dietro di lei. Sentiva il peso della presenza del mostro contro la sua schiena. Si avvicinò tanto da far sì che il suo alito catramoso solleticasse l'orecchio di Sylvia. "Sei troppo brava per questi ragazzi? È così? Fai la puttana con tutti i tuoi uomini di una certa classe, ma pensi di essere migliore di questi bravi ragazzi?".

Gli occhi di Sylvia continuavano a perlustrare la stanza. Non c'era quasi nessuna ragazza stasera e, anche se non pensava che le parole di Gert avrebbero fatto arrabbiare i ragazzi, in questo momento era tutto così confuso che avrebbero potuto aggredirla in un attimo anche senza apparente motivo. Questa era la cosa più spaventosa di ciò che Gert era riuscita a fare. Aveva tolto tutte le regole per sostituirle con le sue, ma c'erano tutte queste enormi zone d'ombra in cui poteva succedere di tutto. Zone in cui Gert non aveva ancora preso una decisione. La vecchia si era allontanata da lei per andare ad appoggiarsi alla porta, intrappolandola nella stanza. "Allora vai, puttana. Dai spettacolo ai ragazzi. So che lo vuoi. Loro sanno che lo vuoi. Tutti sanno che sei una puttana. Allora fallo".

Sylvia aveva già iniziato a tremare e la sua voce si incrinò mentre chiedeva: "Fare cosa?".

"Spogliati per loro, puttana".

Le sue mani si muovevano con una volontà propria. Il suo corpo la tradiva. Un mese prima, Sylvia sarebbe morta piuttosto che spogliarsi davanti a una stanza piena di ragazzi, ma ora il suo orgoglio e la sua vergogna erano stati abbattuti dal terrore. Fece scivolare la gonna lungo le gambe. Poi si sbottonò la camicetta e la lasciò cadere in cima al mucchio. Si tolse le scarpe e le gettò anch'esse in avanti. Cercava di non guardare i ragazzi. Non sapeva cosa avrebbe potuto vedere e, se la sua umiliazione aveva provocato libidine, non sapeva se sarebbe riuscita a sopportarla. Non era nemmeno sicura di riuscire a gestire eventuali sguardi di pietà. Era più sicuro tenere lo sguardo fisso sulle assi del pavimento incrostate di polvere. "E anche il resto. Le puttane non indossano vestiti".

Sylvia chiuse gli occhi. Si slacciò il reggiseno e lo lasciò cadere a terra. Infilò i pollici nelle mutande e le tirò giù. Stava piangendo. Non era intenzionale. Se fosse stato per lei, non avrebbe dato alcune soddisfazione a Gert: questo era solo un altro modo in cui il suo corpo la tradiva. Le gambe tremanti. I capezzoli che si indurivano all'aria fredda. I singhiozzi isterici che riusciva a stento a trattenere tenendo gli occhi chiusi il più possibile. Fingendo di essere sola.

Gert ringhiò. "Ecco una brava puttana. Ora dagli uno spettacolo. Fagli vedere cosa fai per i soldi, puttana".

Sylvia non sapeva cosa le fosse stato chiesto di fare. Rimase lì immobile. Resistette all'impulso di coprirsi o di scappare dalla stanza, perché non voleva sentire di nuovo il pungiglione della cintura di Gert. Essere picchiata mentre era nuda sarebbe stato più di quanto potesse sopportare. Sentì qualcosa che le urtava la mano e, nonostante volesse disperatamente tenere gli occhi chiusi e trattenere la marea di lacrime, non poté fare a meno di abbassare lo sguardo. Gert stava cercando di metterle in mano una bottiglia di coca cola vuota. Sylvia si limitò a fissarla. Alla fine, con qualche altra spinta, la prese, ma non aveva ancora senso. Perché Gert le stava dando una bottiglia? Stava ammettendo di sapere che cosa Sylvia aveva fatto in realtà tutta la notte? La sua punizione era finalmente finita? "Metti in scena uno spettacolo. Come fai quando fai la puttana. Infilatela dentro".

Niente di quello che diceva aveva senso. Sylvia si limitò a fissarla nel vuoto, finché Gert non ringhiò e la afferrò per il polso, guidando la bottiglia verso il basso, finché non toccò la sua vagina ammaccata. No. Non era possibile. Gert ringhiò. "Fallo, puttana. Fallo."

La cantilena fu accolta. Le solite voci pubalgiche dei ragazzi sembravano più profonde del solito. Una parte animalesca di loro stava ringhiando. "Fallo. Fallo. Fallo".

Sylvia alzò lo sguardo e sui loro volti c'era una fame spaventosa. Anche se alcuni dei ragazzi erano arrossati e si vergognavano di loro stessi, non distoglievano lo sguardo. Tutti gli occhi della stanza erano puntati su Sylvia, su quella parte più segreta e ben nascosta di Sylvia che ora era in mostra per il mondo. Deglutì la bile che le saliva in gola e premette il collo aperto della bottiglia. Era fredda, anche rispetto al gelo della stanza, e le mani le tremavano così tanto che quasi la fece cadere. Si chiese cosa sarebbe successo se l'avesse fatta cadere. Gert sarebbe andata a prenderne un'altra? Le avrebbe fatto usare il vetro rotto nello stesso modo? Strinse la presa sul vetro strutturato e lo spinse un po' più dentro. Cominciava a farle male, mentre il collo si allargava e l'estremità andava più in profondità. Sylvia stava facendo tutto il possibile per non vomitare il suo sudato pasto, ma era una battaglia persa. Doveva sbrigarsi. Se fosse riuscita a terminare il lavoro, sarebbe potuta sgattaiolare via. Poteva sdraiarsi nella sua stanza, addormentarsi e far finta che tutto questo non fosse mai successo. Le sfuggì un piccolo mugolio mentre spingeva la bottiglia più a fondo e i ragazzi si chinavano in avanti, praticamente salivando. Gert stava perdendo la pazienza. "Fai aspettare tutti gli uomini così tanto? Sbrigati".

Sylvia cercò di spingere oltre il dolore, ma era come se la bottiglia avesse colpito una specie di barriera dentro di lei e non potesse andare oltre. Gert ringhiò. "Ho detto di sbrigarti."

La mano dell'anziana donna si sporse e schiaffeggiò il fondo piatto della bottiglia più forte che poté. Metà della sua lunghezza svanì dentro Sylvia. Poi arrivò il dolore. Cadde a terra, urlando così forte da spaventare persino Gert. Il sangue gocciolò dal vetro e si raccolse sul pavimento tra le ginocchia di Sylvia.

Gert si mise sopra di lei e si schernì. "Sono certo che ne hai presi di più grossi, puttana. Ora scopati con questa".

Sylvia mugolò e cercò di estrarre la bottiglia, ma anche quel lieve movimento la fece urlare di nuovo. C'era qualcosa che non andava. Qualcosa di veramente sbagliato. Si sentiva come se qualcosa dentro di lei si fosse strappato. Tremava e piangeva. Le sue mani tremanti scalpitavano inutilmente sul vetro scivoloso e insanguinato. Cercava disperatamente di tirarlo fuori. Le lacrime le scendevano sul viso e ogni tentativo di stoicismo si perdeva nell'agonia del momento. "Per favore. Aiutami. Oh Dio. Aiutamo".

Gert alzò gli occhi in segno di disgusto. "Nessuno di noi vuole prendere le tue malattie da puttana. Toccare la tua lurida figa. Tirala fuori.

"Io... io non ci riesco". Sylvia singhiozzò.

Gert afferrò la bottiglia, provocando un altro urlo di Sylvia. "Ragazza ridicola."

La estrasse da Sylvia e ne uscì un altro gemito stridulo. Quando Gert la tenne alla luce, all'interno della bottiglia c'erano mezzo centimetro di sangue e altri liquidi torbidi. Questo la fece fermare per un momento. Quando si voltò verso Sylvia, la ragazza era svenuta. Con esagerato disgusto, Stephanie e Paula la trascinarono a letto. La bottiglia di coca-cola fu gettata insieme al resto della spazzatura e immediatamente dimenticata.

Il seminterrato

La mattina dopo, Sylvia si svegliò in una pozza della sua stessa urina tinta di sangue. Si era raffreddata durante la notte senza svegliarla. Il dolore per le ferite era così forte che non riusciva nemmeno a stare in piedi, ma cercò di raccogliere i vestiti sporchi che aveva bagnato e di strisciare a lavarli prima che Gert se ne accorgesse. Naturalmente, la vecchia la colse di nuovo sul fatto. Guardò la ragazza sporca, nuda e insanguinata e sospirò. "Non sei più adatta a vivere con gli umani. Non riesci nemmeno a non pisciare dappertutto. Sei come un cane. Sei peggio di un cane. Almeno un cane può essere addestrato. Vorrei che avessimo preso un cane invece di te e di quella mezza scema di tua sorella".

Sylvia si sdraiò sul pavimento della cucina e pianse finché Gert non cominciò a prenderla a calci. "Stai giù. Nella tua cuccia. Non sei adatta alle sedie, non sei adatta ai vestiti e ora non sei adatta ai letti".

Sylvia singhiozzava: "Per favore. Ti prego, aiutami. Ho bisogno di un medico. Ho bisogno di aiuto".

Gli occhi di Gert si restrinsero. 'Hai i soldi per il dottore? Perché io non li ho".

Afferrò i capelli di Sylvia e la trascinò, gemendo, sul pavimento fino alla porta del seminterrato, poi con un calcio la spinse dentro. Ogni volta che Sylvia riusciva a frenare la sua caduta nell'oscurità, Gert le dava un altro calcio nelle costole. Finì di nuovo sul pavimento di terra battuta del seminterrato, piangendo e dolorante come la prima volta che Coy si era accanito su di lei. Senza vestiti, non ci volle molto perché il freddo cominciasse a penetrare nel suo corpo, ma lei lo accolse con favore. Se fosse stata anestetizzata, forse il terribile dolore che aveva dentro si sarebbe attenuato.

Quella sera, Gert scese a studiarla. Si era bagnata di nuovo durante i suoi infruttuosi tentativi di trovare il sonno. Le ferite l'avevano resa incontinente. Gert la rimproverò. "Sporca. Assolutamente sporca. Dovrai restare qui sotto, sporcacciona. Dovremo pulire anche te. Brutta bestiaccia".

Sylvia gracchiò. "Per favore. Ho bisogno di aiuto".

Gert sbuffò. "Io avrò bisogno di aiuto. Ti sei ingozzata così a lungo che sarà un miracolo se io o le ragazze riusciremo a sollevarti".

Radunò i ragazzi più utili che riuscì a trovare al piano di sopra. Coy, suo figlio John e un altro ragazzo del quartiere, Ricky Hobbs, che teneva d'occhio da tempo. Insieme, i ragazzi riuscirono a portare la zoppicante Sylvia al piano di sopra e in bagno, dove Gert e Paula la stavano aspettando. C'era una sola vasca da bagno in casa, una struttura a zampa d'elefante che doveva essere riempita con acqua calda fatta bollire sopra la stufa. Il vapore saliva dall'acqua nonostante il relativo calore della stanza. Senza pensarci, Ricky immerse il dito per controllare la temperatura, poi emise un guaito. Era bollente. Gert fece loro un cenno. "Immergetela allora".

Ricky si teneva alle gambe di Sylvia, il lavoro più puzzolente era affidato al più giovane. Mentre gli altri ragazzi facevano per buttarla dentro, lui la tirò indietro. "Aspetta, quell'acqua la brucerà. È bollente come un calderone".

Paula, Coy e John si guardarono nervosamente l'un l'altro, ma Gert si mise a ridere. "Lasciatemi parlare con la mia nuova assistente. Voi ragazzi datele una lavata. Paula, strofinala con quel sale quando hanno finito".

Ricky scosse la testa. "Questo non va bene".

"No, non lo è affatto. Su, andiamo. Lascia che ti spieghi alcune cose". Gert gli prese la mano e lo condusse fuori dalla stanza. Quando sentì Sylvia urlare, ebbe un sussulto e per un attimo sembrò che potesse tornare indietro, ma Gert strinse la presa sulla sua mano e lo condusse nella camera del ragazzo. L'unica della casa che aveva ancora una porta.

Lo guardò da cima a fondo e lo spinse sul letto. "Quanti anni hai adesso, Ricky?".

Lui guardò nervosamente da Gert alla porta. Poteva ancora sentire il rumore dell'acqua, ma le urla sembravano essersi fermate. "Ho quattordici anni, signora Wright. Tra qualche mese ne avrò quindici".

Lei gli sorrise. I suoi denti sembravano più lunghi del normale. Come se le gengive si fossero ritirate, o come se stessero crescendo più a lungo per poter dargli un morso. Lui rabbrividì. "Quattordici anni. Non l'avrei mai detto. Sembri così maturo".

Non era immune alle lusinghe. Un piccolo sorriso gli sfiorò le labbra. "Grazie, signora Wright.

"Prego. Chiamami Gertie".

"G... Gertie. Quell'acqua. Era troppo..."

"Hai già una ragazza, Ricky? Un bel ragazzo come te sicuramente avrà la fila".

"No, signora... ehm... Gertie. No, non ce l'ho."

"Le ragazze della tua età non ne valgono la pena, vero? Non hanno tette da mostrare. Hanno troppa paura di toccare un ragazzo lì sotto. Probabilmente stai solo aspettando che arrivi la ragazza giusta, vero? Il tipo di ragazza che ti tratterà come meriti di essere trattato".

Ad ogni parola si avvicinava sempre di più. Così vicina che lui poteva sentire l'odore della nicotina che si attaccava ai suoi vestiti. Lui si chinò in modo che lei non potesse dargli un bacio, perché era quello che sembrava stesse per fare, ma lei aveva in mente un'altra destinazione per le sue labbra. Scivolò in ginocchio davanti a lui e gli sbottonò l'elastico con dita abili. Si leccò le labbra mentre lo guardava. "Ho bisogno di un assistente, Ricky. Qualcuno che mi aiuti ad affrontare quel mostro nel seminterrato. Qualcuno che mi aiuti a sollevare e trasportare. Non ho soldi per pagarti, ma... posso pagarti in altri modi".

Lui rabbrividì quando le mani di lei si strinsero sulle sue cosce e lei si avvicinò. L'aveva fatto un sacco di volte in passato per avere la meglio, anche quando in gioco c'era molto meno che impedire a un piccolo strillone di correre a raccontare a tutti i suoi fatti. Gli uomini erano facili da controllare se sapevi dove esercitare la giusta pressione.

Tre minuti dopo uscirono dalla camera da letto. Gert si schiariva la gola e Ricky praticamente saltellava su e giù per l'eccitazione. Nel bagno, Sylvia emetteva gemiti di dolore mentre il sale veniva raschiato sulla sua tenera carne rossa, ma Ricky ne era diventato misteriosamente incurante. Sollevò la ragazza tra le braccia da solo e la portò giù nel seminterrato senza esitare, salvo una brevissima pausa per sorridere quando Gert commentò quanto fosse forte. In fondo alle scale, lasciò cadere Sylvia senza pensarci due volte. Lei emise un piccolo grido di dolore quando toccò terra, ma era così lieve rispetto a tutte le altre sofferenze che fu più un'espirazione che un urlo. Ricky non lo sentì comunque. Stava già risalendo le scale verso la luce del giorno con un sorriso sulle labbra.

Il regime di pulizia continuò nelle settimane successive. Una volta passato il dolore iniziale delle lesioni interne, Gert incaricò Coy e Ricky di legarle mani e piedi prima di portarla al bagno. Certi giorni non veniva lavata affatto. Veniva lasciata da sola nel seminterrato, con la sola puzza dei suoi escrementi a farle compagnia. Altre volte, Gert la trascinava su e la lavava due o tre volte nel corso della giornata. Il cibo era sempre più raro per Sylvia, ora che era stata mandata in cantina. Gert le portava giù una scodella di zuppa quando ne aveva preparata una, ma si rifiutava di dare alla ragazza le posate. Sylvia era un animale, quindi doveva mangiare come un animale, cercando di versare il brodo acquoso in bocca a mani nude. L'unico altro momento in cui le era permesso di mangiare era quando Gert e il dodicenne John Junior scendevano a pulire la cantina. Raccoglievano le sue feci con una cazzuola da giardinaggio, poi Gert bloccava la mascella di Sylvia mentre John le versava in gola i suoi stessi escrementi. Quando l'odore di ammoniaca cominciò a salire in cucina, Gert gettò alcuni secchi d'acqua sul pavimento e diede a Sylvia un vecchio barattolo di caffè da usare come gabinetto. Una volta al giorno, Gert e Ricky scendevano in cantina e la costringevano a berne il contenuto. La cosa peggiore è che quei momenti di agonia nella vasca da bagno, o di umiliazione e disgusto nel seminterrato, erano i momenti salienti della giornata di Sylvia. Gli unici momenti in cui le era concesso il semplice lusso della luce.

Opportunità mancate

Il trattamento riservato alle ragazze Likens non era passato del tutto inosservato alle persone che le incrociavano per strada. Judy Duke, che una sera era stata spinta a litigare con Sylvia a causa delle bugie di Gert, era tornata a casa confusa e sconvolta. Si era avvicinata alla madre e le aveva detto: "Stavano picchiando e prendendo a calci Sylvia", facendo attenzione a escludere se stessa dai carnefici. La madre sembrava del tutto indifferente, avendo già sentito parlare delle ragazze Likens. I loro genitori erano giostrai. Non c'era da stupirsi che fossero delle piccole e brutte bugiarde, che facevano giochetti. Prese la figlia per mano e le spiegò che non tutte le ragazze erano buone e ben educate come lei, e che quando una ragazza cattiva faceva una cosa cattiva, a volte l'unica punizione che avrebbe capito era la violenza. Sentirselo dire dalla propria madre bastò a calmare la confusione di Judy, che però da quel momento in poi si ritirò dalla cerchia sociale dei Baniszewski.

Non molto tempo dopo che le ragazze Likens furono "adottate" in casa Baniszewski, Gert ebbe dei nuovi vicini. I Vermillion acquistarono la casa accanto a quella di Gert. La coppia di professionisti di mezza età, Raymond e Phyllis Vermillion, vedendo quanti bambini Gert aveva sotto il suo tetto, pensarono che sarebbe stata la babysitter ideale per i loro figli. A giudicare dallo stato delle sue proprietà, consideravano anche un atto di carità pagarla per quel servizio. Tuttavia, non erano nemmeno lontanamente simili ai Likens in quanto a negligenza. Prima ancora di affrontare l'argomento babysitter, invitarono la famiglia Baniszewski ad un barbecue per conoscere i loro nuovi vicini. Gert sembra aver portato con sé l'intero vicinato di adolescenti e bambini e l'evento diventò presto chiassoso. Tuttavia, i Vermillion erano entusiasti dell'atmosfera giocosa. Almeno fino a quando non videro una ragazza smilza con due occhi neri.

Phyllis raggiunse Paula Baniszewski e le chiese cosa fosse successo alla ragazza, per poi inorridire quando Paula annunciò con orgoglio che era stata lei a picchiare Sylvia. Poi sparì in cucina e tornò con una tazza piena di acqua bollente, che gettò in faccia a Sylvia mentre Gert annuiva con approvazione. Inutile dire che i Vermillion trovarono subito un'altra babysitter.

Nonostante ciò, non cercarono di contattare le autorità per il trattamento riservato a Sylvia. Tutti gli altri abitanti del quartiere consideravano gli eventi a cui avevano assistito come del tutto normali, e questo normalizzò la violenza anche per i Vermillion. Anche quando Phyllis si fermò a casa Baniszewski per prendere in prestito un attrezzo per il giardino e vide Paula picchiare Sylvia con una cintura fino a spaccarle il labbro.

Poco dopo che Sylvia fu condannata al seminterrato, si presentò un'altra opportunità di salvataggio. Il reverendo Julian aveva avviato un programma di visite ai parrocchiani nelle loro case, nel tentativo di rendersi più accessibile. Si sedette con Gert in cucina, a pochi metri dalla porta del seminterrato, bevendo caffè e ingoiando le sue bugie con la stessa facilità. "Quella Likens. Quella Sylvie. È stata un peso terribile per me, reverendo. Mi addolora ammetterlo, ma è stata una tale rovina per questa famiglia che è un miracolo se sono riuscita a tenere insieme le cose. Se avessi saputo cos'era, quel primo giorno in cui si è introdotta con la forza in casa mia, posso dirle che l'avrei cacciata subito fuori. È una prostituta. La più meschina tra le meschine. Non solo, non si limita a sporcare se stessa, ma rovina anche la vita di bravi uomini. Si avvale di uomini sposati, reverendo. E poi torna qui gongolando. È incinta, lo sa. È stata messa incinta da uno degli uomini sposati con cui è andata a letto".

Paula entrò nella stanza nel bel mezzo della loro conversazione. La pancia cominciava già a gonfiarsi per il bambino che portava in grembo. Era di diversi mesi e cominciava a farsi notare, ma non abbastanza perché Gert cominciasse a vestirla con abiti larghi. Il reverendo cercò di non fissarla, ma Gert aveva una scintilla di furia negli occhi quando si voltò verso di lei. "Quella brutta bugiarda se ne va in giro cercando di dare la colpa di tutti i suoi peccati, di tutti i suoi crimini alla mia dolce Paula. Dicendo che è incinta! È ridicolo. La mia Paula è vergine. Pura come poche. È spregevole il modo in cui Sylvie l'ha trattata. Dopo averla invitata anche in casa!".

Il reverendo si avvicinò a entrambe le donne e prese le loro mani. "Preghiamo per lei".

Ci volle solo un attimo prima che la loro silenziosa contemplazione fosse interrotta da Paula che sbottò. "Ho dell'odio nel mio cuore per lei".

Gert la mise a tacere con uno sguardo tagliente. "Vuoi dire che nel tuo cuore c'è amore per lei. Anche se dovresti odiarla per tutti i torti che ti ha fatto".

Paula borbottò. "Sì, non la odio".

Il reverendo fissò un'altra visita per discutere dei problemi che la famiglia aveva avuto, uscì di casa e si dimenticò subito di tutto.

Tra tutte le persone al mondo, c'era solo una a cui le ragazze Likens potevano rivolgersi. I precedenti tentativi di contattare i genitori erano stati vanificati dai continui spostamenti del loro indirizzo, informazioni di cui solo Gert era a conoscenza. Non avevano zie o zii e, sebbene avessero una nonna, questa era malata, impoverita e si stava già occupando di Benny, il fratello gemello di Jenny. C'era solo un altro membro della famiglia che avevano la possibilità di contattare: la sorella Diana.

Quando Sylvia fu condannata per la prima volta al seminterrato, Jenny inviò una lettera dettagliata in cui spiegava tutte le torture che avevano subito per mano della famiglia Baniszewski. Un resoconto completo dall'inizio alla fine. Implorava la sorella di mandare la polizia a casa per salvarle. Diana non credette ad una sola parola. Era sposata e aveva una sua famiglia, e non era certo la prima volta che le sorelle minori cercavano di trasferirsi da lei e dal marito. Diana non credeva che il suo matrimonio sarebbe sopravvissuto alla loro presenza. Quando ricevette la lettera era già sul punto di divorziare e si trovò di fronte a una prospettiva non dissimile da quella che aveva affrontato Gertrude Baniszewski. Diventare una madre single di diciannove anni non era una prospettiva allettante, e aggiungere il peso di altri due figli era troppo terrificante da contemplare. Con il rapporto burrascoso dei genitori Likens, le telefonate imploranti e supplichevoli di Sylvia e Jenny erano diventate un evento abbastanza regolare. Diana non tenne conto di tutte le descrizioni abbastanza esplicite di Jenny sulla violenza e la degradazione come punizione corporale regolare a cui lei si opponeva. Gettò la lettera nel cestino e continuò la sua giornata.

Tuttavia, qualcosa nella lettera continuava a tormentare Diana. C'erano dettagli, dettagli raccapriccianti, che non si sarebbe aspettata che la sua sorellina fosse in grado di fabbricare. Così alla fine fece un salto a Indianapolis per fare shopping e passò dai sobborghi mentre entrava in città. Quando bussò, uno dei bambini aprì la porta, strizzando gli occhi alla luce del sole della tarda mattinata, ma Gert apparve solo un attimo dopo. Diana la salutò con un sorriso. ""Ciao, ho sentito che ti occupi delle mie sorelle? Io sono Diana".

La risposta che ricevette la riempì di ulteriore apprensione. "Non sei la benvenuta qui".

"Cosa?"

"Lester. Mi ha chiamato. Ha detto che non puoi vedere le ragazze. Ha detto che non puoi nemmeno entrare in casa".

Diana la guardò sbigottita. ""Perché mai avrebbe dovuto dire una cosa del genere?".

Sono affari di famiglia che dovete risolvere tra di voi. "Ma non vedrai le ragazze finché non avrò il suo consenso". Gert le chiuse la porta in faccia.

Tutto questo era un po' troppo bizzarro per Diana, così si incamminò un po' più avanti lungo la strada, accese una sigaretta e aspettò. Erano passate quasi due ore quando trovò ciò che stava aspettando. Jenny uscì dalla casa, trascinando un sacco di spazzatura grande quasi quanto lei. Diana si precipitò da lei, ma invece del caloroso benvenuto che si aspettava, ricevette un piccolo guaito di paura. "Non mi è permesso parlare con te. Vattene".

Era tutto troppo assurdo. Prima di tornare a casa, Diana chiamò i servizi sociali di Indianapolis da un telefono pubblico e chiese che indagassero.

Qualche giorno dopo, un'assistente sociale arrivò a casa Baniszewski e trovò ad attenderla una Gert esasperata con una storia già pronta. Jenny era presente ed era stata pulita e vestita al meglio delle capacità della ragazza Baniszewski. Ogni parola detta da Gert, lei annuiva, ogni insinuazione, per quanto ignobile, era condivisa. Gert l'aveva messa alle strette prima dell'arrivo dell'assistente sociale e aveva messo in chiaro una cosa. Se avesse contraddetto Gert in qualche modo, anche lei sarebbe stata spogliata e gettata nel seminterrato. Non era poi così difficile far sparire due puttanelle piuttosto che una.

La storia che Gert aveva raccontato all'assistente sociale era in parte un depistaggio e in parte l'immaginazione febbrile che aveva inflitto alle ragazze Likens fin dall'inizio. Sylvia era stata cacciata di casa diverse settimane prima, dopo che Gert aveva scoperto che era fisicamente impura e che si prostituiva. Non volendo esporre i propri figli allo stile di vita lascivo di Sylvia, aveva deciso che era meglio che si separassero, ma Jenny era la prova silenziosa che non c'era nessun problema in casa che avesse spinto un'adolescente a prostituirsi e a scappare di casa. Dopo tutto, se la brava ragazza era ancora qui, la colpa ricadeva su quella cattiva. Jenny annuì. Lo sguardo non si è mai soffermato sulla porta del seminterrato. Era nervosa e agitata, ma raccontare la storia di una prostituta in famiglia era probabilmente abbastanza stressante da coprirla. Dopo che l'assistente sociale se ne fu andata, Gert diede a Jenny un dollaro per correre al negozio e comprarsi un dolcetto. Una volta tornata in ufficio, l'assistente sociale chiuse il caso. Non ci sarebbero state più chiamate dell'assistente sociale a casa Baniszewski.

Lo spettacolo da baraccone

Gert sembrava aver messo al sicuro il suo piccolo regno per il momento, ma mentre lei si occupava di difenderlo, i suoi figli non erano rimasti inattivi. Mentre Gert sembrava intrappolata nella rete delle sue fantasie, i ragazzi vivevano saldamente nel mondo reale, e nel mondo reale la loro famiglia era sulla soglia della povertà. Non ci volle molto prima che arrivassero dei ragazzi del vicinato che si erano persi il primo "spogliarello". Ragazzi che erano ansiosi di vedere una ragazza nuda per la prima volta. John iniziò a far pagare ai ragazzi un centesimo per scendere nel seminterrato e dare una sbirciatina. Ben presto la domanda cominciò a superare l'offerta, così dovette reclutare i suoi fratelli nell'impresa. Invece di far scendere gli ospiti nel seminterrato per vederla, la ragazza emaciata e sfregiata fu costretta a salire le scale per essere messa in mostra. Veniva palpeggiata il più possibile dai ragazzi, sotto l'occhio sempre vigile di Gert, che in qualche modo aveva ancora l'incoscienza di lanciarsi in sermoni scottanti sulla peccaminosità della carne mentre faceva regolarmente sesso con un ragazzo di quattordici anni. Gert non tollerava che Sylvia fosse usata sessualmente, ma la violenza non era solo accettabile, era attivamente incoraggiata. Alla fine della prima settimana, ogni ragazzo del quartiere aveva probabilmente dato un colpetto alla ragazza dagli occhi spenti. Alcuni avevano spento le sigarette sui suoi piedi. Uno dei pochi atti di crudeltà che potevano ancora suscitare in lei una qualche reazione. Sylvia era completamente spenta, i suoi movimenti erano lenti e la sua voce biascicava nei brevi momenti in cui aveva la possibilità di usarla. La bruciatura le fece emettere un basso e sordo gemito. Non era abbastanza per la folla, e gli incassi di uno spettacolo serale della loro schiava non erano all'altezza delle aspettative dei figli di Baniszewski. Così iniziarono a offrire un servizio speciale. Per un quarto di dollaro, un fortunato visitatore poteva essere in grado di gettare Sylvia giù per le scale nel seminterrato.

L'unico che poteva scendere nel seminterrato senza la presenza di Gert era Coy Hubbard. La donna si fidava inspiegabilmente del ragazzo e della sua lealtà nei confronti di Stephanie, nonostante il loro rapporto fosse andato gradualmente degenerando dal momento in cui lui aveva messo le mani su Sylvia. Stephanie non aveva alcun interesse a portare avanti la loro relazione fisica in barba alla madre, mentre Coy diventava sempre più sessualmente aggressivo ogni volta che venivano lasciati soli. In breve tempo la loro "relazione" divenne poco più di qualche bacio di circostanza prima che lui scendesse nel seminterrato per l'evento clou. I suoi allenamenti di judo con Sylvia duravano ancora di più ora che lei era costantemente nuda, e ora che lei non aveva vestiti con cui afferrarla, lui trovava nuove e inaspettate prese. Usciva dal seminterrato inzuppato di sudore e sorridente, poi sottoporre Sylvia al suo "regime igienico" sarebbe stato infinitamente più facile perché lei sarebbe stata troppo esausta e dolorante per reagire.

I giorni si allungarono fino a diventare settimane. Nonostante tutti gli sforzi di Gert per farla cedere, Sylvia continuava a rispondere agli sguardi dell'anziana donna con sfida. A una mente normale sarebbe potuto sembrare che non ci fosse più nulla da fare alla ragazza. Che fosse stata portata al suo punto più basso e che la tortura fosse fallita. Peggio ancora, dal punto di vista di Gert, non c'erano più scuse per punire la ragazza. Dopo tutto, non era in grado di fare nulla di male quando era rinchiusa da sola nel seminterrato. Senza peccato, non c'era motivo di scagliare pietre contro di lei. Razionalmente, Gertrude doveva rendersi conto che più a lungo teneva Sylvia nel seminterrato, maggiori erano le probabilità che venisse scoperta. Aveva piena fiducia nel suo piccolo esercito di complici, ma sapeva meglio di molti altri che il mondo non ti lascia in pace solo perché te ne stai per conto tuo. Il 20 ottobre se ne ricordò quando un estraneo riuscì quasi a raggiungere il seminterrato e l'oscuro segreto che tenevano chiuso lì sotto.

I figli Baniszewski rubavano quasi costantemente senza subire alcuna ripercussione da parte della madre, che tollerava di non vedere alcuna colpa nei suoi figli. Così, quando un giovane di nome Robert Hanlon si presentò alla porta di casa sua chiedendo la restituzione delle sue proprietà, la donna negò di saperne qualcosa. I ragazzi si erano intrufolati nel suo seminterrato attraverso una porta sul retro aperta e si erano serviti di diversi oggetti, che già abbellivano gli scaffali di un banco dei pegni locale. Furioso, Hanlon aspettò che calasse la notte e poi si introdusse in casa per cercare di recuperare la sua roba. Arrivò fino alla cucina prima di essere affrontato da Ricky. Coy apparve solo un attimo dopo e tra i due i ragazzi riuscirono a trascinare Hanlon fuori e a gettarlo in strada. Gert aveva chiamato la polizia per denunciare l'intrusione e poco dopo era arrivata una volante. Non era certo la prima volta che la polizia si recava a casa Baniszewski: proprio l'anno prima Gert aveva ricevuto un mandato d'arresto per non aver pagato il fattorino. Ma con ogni probabilità era la prima volta che Gert chiamava lei stessa la polizia, preferendo di solito risolvere le controversie da sola. Hanlon fu trascinato alla macchina della polizia, ma i Vermillion intercedettero inaspettatamente in suo favore, spiegando alla polizia l'intera situazione. Sembrava che la polizia stesse per perquisire la casa alla ricerca della merce rubata.

Sembrava che finalmente ci fosse qualche possibilità di salvare Sylvia. Poi Gert chiese casualmente agli agenti se qualcuno di loro conoscesse suo marito John. Hanlon fu portato in centrale.

Dopo che le auto della polizia si furono disperse e la casa tornò a essere silenziosa, Gert scese a sedersi con Sylvia nel buio. La sua maschera matronale era stata rimessa a posto. "È da un po' che penso a te, Sylvie. Sei stata nelle mie preghiere. Credo che il Signore voglia che io ti salvi. Credo che voglia che io ti dia una seconda possibilità di vivere. Il tempo trascorso quaggiù è stato una penitenza per te. Per trasformarti in qualcosa di nuovo. Qualcosa di meglio di una puttana. Vuoi essere più che un giocattolo per gli uomini, vero Sylvie? Vuoi essere libera dai tuoi peccati?".

Sylvia non sperava da molto tempo e, anche dopo il putiferio che si era scatenato al piano di sopra, non aveva preso in considerazione la possibilità che qualcosa potesse cambiare. Gracchiò. "Sì. Voglio essere salvata".

"Allora ti aiuterò. Ma devi ricordare. Questa è la tua ultima possibilità. L'ultima possibilità di fare la cosa giusta. Altrimenti, tornerai quaggiù prima ancora che tu abbia il tempo di aprire la tua lurida bocca. Hai capito?"

Sylvia si sforzò di bagnarsi le labbra. "Sì."

Fu legata mani e piedi e portata su per le scale dai ragazzi di Gert. La gettarono su uno dei pochi letti veri della casa e Gert si accovacciò accanto a lei. "Se riuscirai a superare tutta la notte senza pisciarti addosso, potrai tornare a vivere al piano di sopra con il resto degli umani. Pensi di poterlo fare?".

Sylvia ansimò. "Sì, mamma."

Non riuscì a superare la notte senza bagnare il letto. Sebbene potesse nutrire qualche speranza che la scarsissima quantità d'acqua che aveva bevuto il giorno prima non fosse sufficiente a provocare un pasticcio, il danno che era stato fatto quando la bottiglia di vetro era stata forzata dentro di lei aveva reso Sylvia permanentemente incontinente. Gert entrò nella stanza annusando nelle prime ore del mattino e poi ruggì di rabbia, svegliando tutta la casa. Si avventò su Sylvia con un coltello. La ragazza la guardò con gli occhi impotenti e terrorizzati. Quel momento fu tutto ciò che Gert aveva sempre desiderato da Sylvia. Usò il coltello per tagliare le corde intorno ai polsi di Sylvia, poi fece scorrere la punta del coltello lungo il corpo della ragazza prima di fare lo stesso con i legacci intorno alle caviglie. Gettò a Sylvia un fascio di vestiti sporchi e sogghignò. "Vestiti, puttana. Non ti lascerò sfilare in giro indecorosa per tutto il giorno".

Arrivarono fino al soggiorno prima che la sovreccitazione di Gert le facesse cambiare idea. I ragazzi erano migrati in salotto per la loro fumata mattutina e non ci volle molto prima che arrivassero Coy e Ricky, come facevano quasi tutti i giorni. Non appena si rese conto che non c'erano ragazze, Gert ordinò a Sylvia di spogliarsi. "Forza, puttana. Dai ai ragazzi un ultimo spettacolo prima di tornare nel seminterrato".

Sylvia emise un piccolo singhiozzo, ma con le dita intorpidite cominciò a slacciare i bottoni del vestito preso in prestito, lasciandolo cadere a terra senza quasi vergognarsi. Non indossava nulla sotto perché Gert non le aveva dato nulla. Se l'anziana donna si aspettava che la vista della ragazza nuda fosse eccitante per i ragazzi, si sbagliava di grosso. Ogni accenno di sensualità era stato da tempo sconfitto e affamato da Sylvia. Sembrava una pelle appesa a una struttura metallica. I suoi occhi si fissavano su un orizzonte lontano che nessuno di loro riusciva a vedere. Gert era furiosa con lei. Anche adesso la sfidava. Quella puttana sapeva come mettere in scena uno spettacolo per gli uomini e non ci stava nemmeno provando. Si sentiva così superiore. Pensava di essere migliore di Gert. Non era migliore di Gert. Non lo era. Prendendo una bottiglia di cola, la schiaffò in mano a Sylvia. "Sai cosa fare, puttana. L'hai già fatto più volte in passato".

La mano di Sylvia non tremava nemmeno mentre spingeva il bicchiere dentro di sé. Anche quando dovette stringere i denti per superare il dolore, non si fermò finché la bottiglia non fu dentro. Incontrò lo sguardo di Gert. Implacabile. Poi la estrasse con la stessa facilità e la restituì alla donna. La puttana aveva fatto esattamente quello che Gert voleva, ma questo la fece arrabbiare ancora di più. Scattò. "Vestiti. Sei disgustosa".

Sylvia non provò nemmeno a sedersi su una delle sedie, gravitando in uno degli angoli della stanza, lontano dagli occhi e, si spera, dal cuore. Gert si accasciò su una sedia al centro della stanza e aspettò che il resto della famiglia entrasse. I suoi piani stavano andando in frantumi più velocemente di quanto potesse realizzarli. Voleva che Sylvia tornasse al piano di sopra per poter ricominciare a punirla per il suo comportamento scorretto, ma invece la stupida ragazza si era bagnata e ora doveva tornare in cantina. Poi avrebbe dovuto essere umiliata, dando spettacolo per i ragazzi, e in qualche modo aveva rivoltato anche questo contro Gert. Era furiosa, fissava la ragazza mentre si allontanava serenamente. Era come se non fosse nemmeno qui. Gert balzò in piedi e le puntò un dito contro. "Non ho dimenticato quello che hai fatto. Hai marchiato le mie figlie come puttane! Ora io... ora io marchierò te!".

Ordinò ai ragazzi di avanzare e loro spogliarono Sylvia di nuovo dei suoi vestiti, trasformando una manica del suo vestito in un bavaglio e infilandoglielo in bocca. I ragazzi furono messi di fronte a un compito. Tennero uno degli aghi da cucito di Gert sopra un fiammifero acceso finché il metallo non si illuminò di arancione, poi l'anziana donna glielo strappò di mano e avanzò verso Sylvia con un calore corrispondente negli occhi. I ragazzi bloccarono Sylvia a terra e Gert si sedette sui suoi fianchi. Tutte le sue costole erano in mostra e la sua pelle era così pallida, dopo un mese di oscurità, da essere quasi traslucida. Come se stesse svanendo, incolume. Gert ringhiò e premette l'ago su quella pelle perfetta. Trascinando una linea fumante di dolore lungo lo stomaco della ragazza, che si agitava e urlava. Ora era di nuovo nella stanza. Ora era di nuovo qui sotto con Gert.

Completata la lettera I, Gert prese l'ago successivo. Tutti i bambini più piccoli si misero al lavoro per riscaldarli, bruciando una scatola di fiammiferi dopo l'altra. Gert arrivò fino a 'SONO' prima di cominciare a stancarsi e il calore pungente dell'ago cominciò a darle fastidio. Passò il successivo a Ricky Hobbs, che si occupò allegramente della punizione. Lentamente le parole del marchio divennero visibili. SONO UNA. Ricky fece una pausa. "Come si scrive prostituta?".

Con un cenno, Gert lo scarabocchiò su un foglio di carta.

Sylvia non smise di urlare durante tutto il processo e il tanfo della sua carne bruciata sovrastò anche il solito miasma di sporcizia che permeava la casa. Alla fine le parole "SONO UNA PROSTITUTA E NE SONO FIERA" rimasero incise nella sua carne. Scavata e cauterizzata in un colpo solo. Gert si leccò le labbra e fissò con gioia la ragazza che aveva rovinato. Sono una prostituta e ne vado fiera. "Tu lo sei di sicuro, non è vero, puttana?".

Con uno sguardo sprezzante, Gert lasciò la stanza per andare a prendere un altro pacchetto di sigarette e un nuovo pacchetto di fiammiferi.

Ricky teneva ancora l'ago e senza dire nulla lo passò di nuovo alla giovane Shirley Baniszewski, di dieci anni, perché lo scaldasse di nuovo. Sibilò. "Gli schiavi hanno bisogno di un marchio, così tutti sanno che sono di proprietà".

Incise con gioia la metà inferiore della lettera S al centro del petto di Sylvia, ma a metà strada si fermò e guardò con crescente orrore quello che stava facendo. "Jenny. Marchia tua sorella".

Jenny scosse la testa. Lui ringhiò. "Jenny. Fallo tu o giuro su Dio che…".

Lei squittì. "No. Non lo farò".

Si guardò intorno disperato e poi passò l'ago a Shirley. ""Finisci tu. Io… mi sto annoiando".

Shirley si occupò del macabro lavoro con tutta la gioia sociopatica di un bambino, ma quando finì di raschiare l'ago sullo sterno di Sylvia, la lettera S non era apparsa. C'era invece il numero 3. Paula ridacchiò per la stupidità della sorellina. "Non è che puoi cancellarla e cambiarla!".

Gert rientrò nella stanza, sbuffando allegramente. Guardò il 3 sul petto di Sylvia e scelse di ignorarlo. Tirò via la manica dalla bocca di Sylvia con una risata. "Cosa farai adesso, Sylvie? Non puoi sposarti adesso. Non puoi spogliarti davanti a qualcuno. Nessun uomo ti vorrà. Nessuno ti vorrà mai più. Cosa farai adesso?".

Sylvia tirò un respiro affannoso, ma quando rispose era con la sua solita voce. Tutta la paura era stata bruciata via. "Credo che non ci sia nulla che possa fare a questo punto. È lì ormai".

Anche adesso stava vincendo. Gert non riusciva a sopportarlo.

Morirò

Coy portò Sylvia nel seminterrato e la lanciò in giro per un po' a cuor leggero, ma senza il suo terrore la cosa aveva perso tutto il suo piacere. Se ne andò a casa per la notte, ma la solita festa di adolescenti si scatenò in salotto in breve tempo. Sylvia rimase lì, al buio, con una fredda certezza che le scorreva nelle vene. Una verità terribile e ineluttabile che sussurrò quando sua sorella scese a sedersi sulle scale nel cuore della notte. Sussurrò: "Sto per morire. Lo sento".

Jenny cercò di confortarla, ma le sue banalità durarono poco. Dovette tornare di corsa a letto quando Gert venne a trovarla, verso l'una di notte.

Gert rimase a lungo a fissare Sylvia prima di dirle: "Vieni di sopra e vai a letto".

Mentre Sylvia si barcamenava, la donna le infilò le mani sotto le ascelle e la sollevò, sostenendola mentre saliva le scale e poi facendola cadere su un altro materasso intatto. Le diede una pacca sulla testa, poi la lasciò andare alla deriva di incubi poco peggiori della sua realtà.

Dormì tutta la mattina e fu svegliata dolcemente solo a mezzogiorno da Gert e Paula che la portarono a fare il bagno. Si preparò a subire la tortura, ma il bagno era piacevolmente caldo e pieno di bolle di sapone. L'acqua pungeva le ferite, sia il marchio che le piaghe aperte che si erano sviluppate in molti punti del corpo, ma era comunque meglio di quanto avrebbe potuto essere, per cui si trovò stranamente grata alle sue aguzzine. Dopo, l'aiutarono a vestirsi e la portarono in cucina, dove la fecero sedere al tavolo con una penna e dei fogli.

Era passato così tanto tempo da quando aveva abbandonato la scuola nel bel mezzo dei primi tormenti di Gert che a malapena ricordava come si teneva la penna. Le sembrava estranea alla mano. Tuttavia, quando l'anziana donna sorrise e iniziò a dettare una lettera, Sylvia si mosse per obbedirle, quasi senza pensare.

"Cari signori Likens,

Sono uscita con un gruppo di ragazzi nel cuore della notte. Mi hanno detto che mi avrebbero pagato se avessi dato loro qualcosa, così sono salita in macchina e tutti hanno preso quello che volevano… e quando hanno finito mi hanno picchiato e mi hanno lasciato piaghe sul viso e su tutto il corpo. Mi hanno anche scritto sulla pancia: "Sono una prostituta e ne vado fiera".

Ho fatto praticamente tutto quello che potevo fare solo per far arrabbiare Gertie e farle spendere più soldi di quanti ne guadagni. Ho strappato un materasso nuovo e ci ho fatto la pipì sopra. Ho anche fatto pagare a Gertie delle spese mediche che non può sostenere e ho reso Gertie e tutti i suoi figli degli esauriti".

Sylvia fece per firmare la lettera, questa evidente montatura, ma Gert gliela strappò via. "No. Non c'è bisogno di firmare lettere ai propri parenti. Riconosceranno la tua scrittura".

Si voltò e Sylvia fu di nuovo dimenticata. Si lasciò trasportare in uno stato di stordimento per diversi minuti. Si godeva la sensazione di calore dopo tanto tempo di freddo e di buio. Era talmente scollegata da ciò che accadeva intorno a lei che non si rese nemmeno conto di essere oggetto di discussione finché non fu quasi finito. Gert aveva preparato il suo piano. Con questa lettera come prova che Sylvia era una fuggitiva, non restava che scaricarla da qualche parte. Bastava guardarla per capire che non c'era più molta vita in lei. Gert comunicò a Paula le sue intenzioni. John Junior e Jenny avrebbero dovuto portare Sylvia alla discarica locale e lasciarla lì. L'esposizione l'avrebbe uccisa durante la notte. Una volta uscita di casa, Gert avrebbe chiamato la polizia e avrebbe consegnato loro la lettera, spiegando che Sylvia era andata via con alcuni ragazzi. Non è chiaro se il fatto che Gert non riuscisse a capire la falla nella sua linea temporale costruita fosse dovuto a un esaurimento mentale o a una banale stupidità, ma è probabile che la polizia potesse accettare la cosa a causa della rinnovata presenza di John Baniszewski Senior nella sua vita.

Comunque sia, Sylvia aveva sentito abbastanza. Si alzò in piedi e corse verso la porta d'ingresso, più velocemente di quanto le sue gambe avvizzite ed esauste potessero portarla. Arrivò fino al corridoio prima che Gert la prendesse in braccio e la trascinasse di nuovo in cucina, schiacciandola sulla sedia. "Che ne dici di cenare, Sylvie?".

Preparò un toast sulla griglia e lo posò sul tavolo davanti a Sylvia con un gesto di grande eleganza. Anche il pane annerito e mezzo raffermo era un piatto migliore di quello che aveva assaggiato nell'ultimo mese, così Sylvia lo trangugiò avidamente. O almeno ci provò. La gola era così gonfia per i ripetuti soffocamenti e per l'infezione diffusa che le aveva colpito il corpo, che non riuscì a mandar giù il pane. Si lasciò sfuggire un singhiozzo roco. "Non riesco a ingoiarlo".

Le labbra di Gert si assottigliarono. "Lascia che ti aiuti, Sylvie".

Si avvicinò alla finestra e Sylvia pensò che stesse prendendo un bicchiere d'acqua, finché non sentì il tessuto strapparsi.

Gert si precipitò con il bastone della tenda unto in mano. Afferrando Sylvia per i capelli, cercò di infilare l'estremità nella bocca di Sylvia. La infilò oltre le labbra screpolate della ragazza con un grido. Quando Sylvia chiuse la bocca contro l'intrusione, Gert cominciò a sbattere l'asta contro i suoi denti, con gli occhi selvaggi di una qualche oscura lussuria. "Prendilo! Prendilo, puttana!".

Sylvia cadde sul pavimento e Gert le sputò addosso. John Junior arrivò per vedere il motivo di tutto quel rumore e lei gli scattò contro. "Riporta la cagna nella sua cuccia".

Un'ora dopo, Gert aveva recuperato la calma. Portò un piatto di cracker e cercò di darli a Sylvia, ma la ragazza distolse la bocca insanguinata. "Dalli ad un cane. Hanno più fame di me".

Gert vide di nuovo rosso. Colpì lo stomaco di Sylvia con un pugno, più e più volte, finché le croste dello stomaco non si aprirono e il sangue macchiò il bel disegno floreale steso sulla carne profanata. Gert uscì di corsa dal seminterrato, spegnendo la luce con un ringhio e lasciando Sylvia a un'ultima notte di buio totale.

Il giorno dopo, Gert e Coy scesero insieme nel seminterrato. Sylvia era ancora distesa a terra nel punto in cui era stata lasciata. Gert aveva portato una sedia dalla cucina. Si precipitò e la scagliò contro la ragazza, ma valutò male la distanza e invece si sbilanciò e la mandò a sbattere contro il muro. Poi prese una pagaia e cercò di colpire Sylvia alla testa, ma il suo colpo fu così violento che si colpì in faccia, annerendosi un occhio. Coy rimase a guardare, ipnotizzato da quell'impresa di stupidità, prima di spingerla da parte e prendere in mano il parapetto della tenda. Picchiò Sylvia su tutto il corpo con il bastone, il cui ritmico alzarsi e abbassarsi era scandito solo dal suono umido dell'impatto. Quando furono certi che fosse svenuta, la abbandonarono di nuovo.

Sylvia si svegliò in agonia nel cuore della notte. Cercò di gridare aiuto, ma la sua gola era troppo danneggiata per emettere un suono. Riuscì a trascinarsi fino al muro, dove trovò una vecchia testa di vanga e per ore la batté contro il muro e il pavimento. Cercando disperatamente di attirare l'attenzione sulla sua condizione. Usò tutte le sue forze, martellando per tutta la notte. Il rumore svegliò diversi vicini, ma nessuno pensò di chiamare la polizia. Ormai erano tutti abituati agli strani rumori provenienti da casa Baniszewski.

La mattina dopo Gert mandò Stephanie e Ricky in cantina a prendere Sylvia per un altro bagno prima di sbarazzarsi di lei. La portarono in bagno senza il minimo segno di lotta e la gettarono, completamente vestita, nell'acqua. Quando il suo viso scivolò sotto l'acqua e non emerse alcuna bolla, Stephanie capì che qualcosa non andava. La tirarono fuori dall'acqua e Stephanie cercò di praticare la respirazione bocca a bocca, ma non servì a nulla. Il corpo era già freddo.

Tiratemi fuori

Jenny era seduta in bagno con la sorella morta, la fissava intensamente e si chiedeva, un po' perfidamente, quanto tempo sarebbe passato prima che anche lei finisse nel seminterrato, ora che era stato liberato. Il panico si diffuse in casa Baniszewski, ma Gert era solida nelle sue illusioni come sempre. Il suo piano avrebbe funzionato benissimo. L'unica cosa che doveva essere cambiata erano un paio di dettagli minori. Mandò i ragazzi a spogliare Sylvia e a scaricarla in cantina fino a sera, quando l'avrebbero portata alla discarica. Gert stessa attraversò la strada per chiamare la polizia da una cabina telefonica pubblica.

Quando i due agenti arrivarono c'era un'inconfondibile tensione nell'aria, ma Gert continuò come se tutto fosse a posto. Consegnò loro il biglietto che aveva costretto Sylvia a scrivere, poi iniziò a parlare di quanto fosse un peso per la giovane fuggiasca e di quanto fosse inevitabile che chi si prostituisse facesse una fine orribile. Gli agenti lessero la lettera ma sembrarono più che altro perplessi. Tuttavia, si trattava della moglie di un collega e non avevano intenzione di lanciare accuse. Presero una dichiarazione di Gert e si avviarono verso l'uscita quando uno di loro sentì Jenny sussurrare. "Se mi fate uscire di qui, vi dirò tutto".

Questo fu sufficiente a farlo riflettere. Lanciò un'occhiata al suo collega, che sembrava non aver sentito nulla.

"Dovrò interrogare tutti i presenti. È la procedura standard per le persone scomparse". La tensione nella stanza salì improvvisamente. Fece un cenno a Jenny. "Prima lei, signorina".

Le prime parole che le uscirono di bocca, una volta usciti dalla visuale di Gert, furono: "Guardate nel seminterrato. L'hanno uccisa".

Lasciò Jenny in quella strana camera da letto senza porta e andò dal suo collega per assicurarsi che nessuno lasciasse l'edificio. Poi scese le scale dell'inferno.

Tutti gli abitanti della casa furono arrestati. Gert, Paula, Stephanie, John Junior, Coy e Ricky furono tutti arrestati con l'accusa di omicidio. Tutti gli altri furono arrestati per aggressione e lesioni personali. Gli agenti si sparpagliarono per la città, notificando mandati d'arresto a tutti gli altri coinvolti nell'orribile storia e, a parte Coy, Ricky e i Baniszewski, ognuno di loro raccontò immediatamente alla polizia tutto ciò che sapeva. Dai bambini del quartiere al reverendo locale. Venne fuori tutto, e tutto finì nei documenti del tribunale.

Sul corpo di Sylvia fu eseguita un'autopsia per verificare quale storia fosse corroborata dalle prove. La storia squilibrata di Gert, che raccontava di prostitute adolescenti incinte e di bande vaganti di ragazzi affamati di torture, o quella ancora più inquietante di Jenny, che raccontava di tormenti matriarcali. Sul corpo di Sylvia furono trovate oltre cento bruciature di sigaretta. Aveva subito ustioni di secondo e terzo grado. C'erano gravi contusioni, danni muscolari e nervosi. La causa della morte sembrava essere un'emorragia cerebrale multipla, ma era altrettanto possibile che lo shock combinato di tutte le ferite fosse stato troppo forte da tollerare per il suo corpo indebolito. In punto di morte, Sylvia si era morsa le labbra, lasciandole attaccate solo da fili di tessuto connettivo. La gola e la vagina si erano gonfiate, anche se un esame del canale aveva rivelato che l'imene era intatto. Insieme alla mancanza di tessuto cicatriziale rettale, ciò rese evidente a tutti i partecipanti l'ovvia falsità delle storie di Gert.

I processi di Gertrude Baniszewski

Tutte le accuse minori vennero alla fine ritirate grazie a tutte le prove fornite, e solo l'accusa di omicidio venne mantenuta contro Gert, le sue figlie, John Junior, Coy e Ricky. Quando il caso andò a processo, il vortice di caos che caratterizzava le loro vite li accompagnò. Le accuse contro Stephanie furono ritirate prima del processo, dopo che la donna si trasformò in testimone di Stato contro la sua famiglia, fornendo la maggior parte della storia che oggi conosciamo sui bizzarri eventi di casa Baniszewski e sminuendo la propria colpevolezza in ogni occasione. Ognuno dei querelanti aveva il proprio avvocato, a eccezione di John e Coy, che erano entrambi minorenni e cercavano di avvalersi della loro giovane età come difesa. Era diventato evidente fin dall'inizio che tutti i coinvolti erano colpevoli in una misura o nell'altra, e solo il grado di colpa che sarebbe stato assegnato individualmente avrebbe determinato chi di loro sarebbe morto e chi sarebbe sfuggito all'iniezione letale.

Durante la sua prima apparizione, Paula fu fatta uscire di corsa dall'aula per dare alla luce la figlia, che chiamò Gertrude, come la madre, e da quel momento il circo non fece che crescere in modo ridicolo. Mentre i figli avevano capito subito la tattica di

John e Coy, sostenendo di essere solo complici forzati della follia di Gert, la donna stessa sembrava perseguire una linea di difesa completamente diversa dal suo avvocato. L'avvocato sosteneva che Gert era anziana, inferma e mentalmente compromessa e che i bambini avevano fatto quello che volevano in assenza di una supervisione competente, in una sorta di "Signore delle mosche".

Se non altro, questa tesi fu sostenuta dal comportamento ridicolo della stessa Gert durante tutto il processo, ma a un certo punto iniziò a dannarsi con la sua stessa testimonianza. Annunciò a gran voce alla corte che Sylvia Likens era la prostituta del quartiere. Poi inventò lunghe storie sui rapporti della ragazza con uomini sposati, insistette con veemenza sulla gravidanza della ragazza e raccontò alla corte di tutte le volte che aveva scatenato risse in casa, come un cuculo che si era intrufolato nel nido con l'intenzione di uccidere tutti gli altri pulcini. Non aveva alcuna prova a sostegno delle sue affermazioni, e anzi era completamente contraria a ciò che la maggior parte delle prove fisiche raccolte aveva rivelato alla corte, ma aveva un testimone disposto a sostenere ogni singola storia che aveva raccontato: sua figlia Marie, di undici anni. Durante la sua testimonianza, Marie ripeté tutto ciò che Gert aveva detto, per lo più alla lettera, ma durante il controinterrogatorio crollò rapidamente, gridando "Dio mi aiuti!" prima di ammettere che tutto ciò che lei e sua madre avevano detto fino a quel momento era una bugia. La sua testimonianza, che descriveva senza mezzi termini come la madre e i fratelli avessero torturato e infine ucciso Sylvia Likens, fu considerata il punto di svolta del caso. Gert fu dichiarata colpevole di omicidio di primo grado. Con grande sgomento dell'opinione pubblica, le fu concessa una condanna all'ergastolo senza possibilità di libertà vigilata invece della pena di morte. Paula fu condannata per omicidio di secondo grado. Fece appello e le fu concesso un secondo processo, ma prima di presentarsi in tribunale patteggiò, ammettendo l'omicidio volontario. Scontò tre anni per quell'accusa prima di essere rilasciata con la condizionale e poi passò a una vita oscura in Iowa, almeno fino al 2012, quando fu smascherata su Facebook e perse il suo lavoro di collaboratrice scolastica, durante il quale si era occupata per anni dei figli di altre persone senza che nessuno se ne accorgesse.

John, Coy e Ricky furono tutti condannati per omicidio volontario e a diciotto mesi di reclusione in un carcere minorile.

John scontò la sua pena, ammise la piena colpevolezza dei suoi crimini nelle interviste e sembrò essere l'unico membro della famiglia a provare vero rimorso. Ha continuato a vivere una vita a metà tra il decente e il dignitoso, fortemente coinvolto nella chiesa, fino a quando complicazioni dovute al diabete lo hanno portato alla morte nel 2005.

Coy non ha mai mostrato alcun rimorso per i suoi crimini e, in base alle testimonianze, è probabile che sia dovuto al fatto che era un sadico sessuale e uno psicopatico, che aspettava solo un'occasione per farlo. Dopo il periodo di detenzione è rimasto un criminale e in seguito è stato accusato di un altro duplice omicidio dopo una rapina in casa finita male. Sebbene abbia cercato di rimanere lontano dai riflettori, l'attenzione per il caso Likens lo ha portato a essere identificato e a perdere diversi lavori nel corso degli anni.

Ricky uscì dal carcere minorile come un uomo cambiato, ma non in meglio. Riconobbe la propria colpevolezza nell'omicidio di Sylvia e soffrì di un esaurimento nervoso poco dopo il suo rilascio. Durante la detenzione perse molto peso e fu solo dopo aver iniziato a recuperare le sue facoltà in seguito all'esaurimento nervoso che gli fu diagnosticato un cancro ai polmoni all'ultimo stadio. Morì poco dopo, pieno di tumori e di rimpianti.

Gertrude Baniszewski si appellò contro la sua condanna sulla base dell'atmosfera estremamente pregiudizievole che si respirava a Indianapolis, e il fatto che il giudice non fosse disposto a far trasferire il caso fu considerato una prova abbastanza solida di un annullamento del processo, per cui il suo appello per un nuovo processo fu accolto. Senza la testimonianza schiacciante della figlia preadolescente, la giuria fu più clemente con Gert questa volta. Fu condannata a soli diciotto anni di carcere.

Durante il periodo di detenzione si trasformò in una prigioniera modello, diventando una figura materna per molte delle altre detenute e lavorando nella sartoria. Quando, nel 1985, si presentò per la libertà vigilata, era ampiamente chiamata "mamma" sia dalle detenute che dalle guardie.

Jenny Likens fu adottata dalla famiglia del procuratore del caso originale, Leroy New. Lui aveva diverse figlie e lei era benvoluta. Fece del suo meglio per dimenticare ciò che era accaduto a sua sorella, ma quando le giunse la notizia dell'udienza per la libertà vigilata di Gert, si sentì obbligata ad agire. Fece delle apparizioni televisive insieme a molti sostenitori dei diritti delle vittime, condannando Indianapolis anche solo per aver preso in considerazione la possibilità di rilasciare il mostro senza pentimento. Anche durante l'udienza per la libertà vigilata, Gert non ha voluto ammettere alcuna colpa. Dopo che una petizione con quarantamila firme fu consegnata alla commissione per la libertà vigilata, la donna esclamò: "Non sono sicura del ruolo che ho avuto in tutto questo, perché ero sotto l'effetto di droghe. Non l'ho mai conosciuta veramente. Mi assumo la piena responsabilità di ciò che è accaduto a Sylvia. Vorrei poterlo cancellare, ma non posso e mi dispiace. Chiedo solo pietà e nient'altro".

Dopo la concessione della libertà vigilata, Gert cambiò nome in Nadine Van Fossan e andò a vivere con la figlia Paula. In quegli anni era riservata, e per una buona ragione. Là fuori c'era un mondo intero furioso che si sarebbe volentieri vendicato di lei per la morte di Sylvia. Sopravvisse per soli cinque anni fuori dalla prigionia prima di morire di cancro ai polmoni nel 1990.

È molto probabile che non sapremo mai la verità su ciò che è accaduto a Sylvia Likens. La sua storia è stata raccontata in libri e film, ma tutti si sono basati sulle testimonianze dei vari membri della famiglia Baniszewski, che si basano esclusivamente sulle loro bugie autodifensive. Ci sono state molte teorie su cosa abbia spinto Gert a torturare a morte una giovane donna nel fiore degli anni, e in effetti molti dei suoi slittamenti freudiani nel corso delle sue farneticazioni sembrano indicare che vedeva se stessa in Sylvia. Una versione di se stessa che non era caduta così in disgrazia. Una versione che forse poteva essere mantenuta integra con una disciplina sufficientemente forte. Oppure Sylvia stava semplicemente servendo da sacco da boxe per una donna così piena di disgusto per se stessa da traboccare e distruggere non solo la sua famiglia, ma anche una ragazza innocente.

È chiaro che Gert soffriva di un qualche tipo di disturbo mentale che ha influenzato le sue azioni, ed è del tutto plausibile che le droghe o la malattia mentale abbiano offuscato la sua capacità di giudizio, ma il decesso di Sylvia Likens non è stato un crimine passionale. Non è avvenuto in un momento di follia. La lenta e progressiva tortura che ha portato alla morte della ragazza si è protratta per mesi. Anche se accettiamo che Gert fosse in qualche modo ignara della malvagità delle sue azioni, questo non spiega perché anche il resto della vasta rete di sicurezza della società abbia completamente fallito nei confronti della ragazza.

Un intero quartiere era al corrente della situazione in casa Baniszewski, se non in toto, certamente in parte. Eppure nessuno di loro ha contattato la polizia quando ha visto una ragazza perdere metà del suo peso corporeo, vagare per le strade con piaghe aperte o occhi neri. Nessuno dei tanti che ha incrociato la strada di Sylvia Likens si è fermato e ha fatto il minimo sforzo per evitare la sua morte prematura.

Non esiste un limite al processo di responsabilità che circonda la morte di Sylvia Likens, ma si può essere certi che almeno una parte di essa deve essere posta ai piedi della matriarca del clan Baniszewski, le cui illusioni sembravano essere così potenti da poter coinvolgere una dozzina di adolescenti e da trasformare una sfortunata ragazza nella vittima di quello che è stato descritto come il peggior crimine perpetrato contro un individuo in tutta la storia dell'umanità.

Sostenere Ryan Green

Se il libro vi è piaciuto e avete un momento libero, apprezzerei molto una breve recensione su Amazon. Il vostro aiuto nel diffondere il libro sarà accolto con gratitudine, le recensioni fanno una grande differenza nell'aiutare i nuovi lettori a trovarmi.

IT geni.us/carneficeIT

US geni.us/carneficeUS

Grazie!

Informazioni su Ryan Green

Ryan Green è un autore di gialli trentenne. Vive nell'Herefordshire, in Inghilterra, con la moglie, tre figli e due cani. Oltre a scrivere e a passare il tempo con la sua famiglia, Ryan ama camminare, leggere e fare windsurf.

Ryan è un appassionato di storia, psicologia e crimini veri. Nel 2015 ha finalmente iniziato a ricercare e scrivere il proprio lavoro e, più tardi, nello stesso anno, ha pubblicato il suo primo libro sul più famoso serial killer britannico, Harold Shipman.

Da allora ha scritto diversi libri su argomenti meno noti e ha adottato un approccio unico scrivendo dal punto di vista dell'assassino. Narra alcune delle scene più agghiaccianti che si possano trovare nel genere Criminal.

"Ryan Green è un narratore incredibile... non si limita a raccontare una storia, ma ti permette di farne parte".
~Blackbird

9 798301 987618